# 做班主任，真有意思！

张玉石 / 著

上海教育出版社
SHANGHAI EDUCATIONAL PUBLISHING HOUSE

图书在版编目（CIP）数据

做班主任，真有意思！/ 张玉石著 . — 上海：上海教育出版社，2020.1（2024.1 重印）
ISBN 978-7-5444-9719-0

Ⅰ.①做… Ⅱ.①张… Ⅲ.①班主任工作 Ⅳ.① G451

中国版本图书馆 CIP 数据核字（2020）第 006628 号

策　　划　源创图书
责任编辑　董　洪
特约编辑　张万珠　王　莹
责任印制　梁燕青
装帧设计　许　扬

Zuo Banzhuren, Zhen You Yisi!
做班主任，真有意思！
张玉石　著

| | |
|---|---|
| 出版发行 | 上海教育出版社有限公司 |
| 官　　网 | www.seph.com.cn |
| 地　　址 | 上海市闵行区号景路 159 弄 C 座 |
| 邮　　编 | 201101 |
| 印　　刷 | 北京华宇信诺印刷有限公司 |
| 开　　本 | 710×1000　1/16　印张 13.5　插页 1 |
| 字　　数 | 180 千字 |
| 版　　次 | 2020 年 3 月第 1 版 |
| 印　　次 | 2024 年 1 月第 11 次印刷 |
| 印　　数 | 62,001—67,000 本 |
| 书　　号 | ISBN 978-7-5444-9719-0/G・8021 |
| 定　　价 | 49.80 元 |

如发现质量问题，请向本社调换　电话 021-64373213

# CONTENTS 目 录

自序·把有意义的事做得有意思 / 1

## 第一章　观念转变：兵法变心法

一、传统的班级管理模式 / 4

（一）兵法型 / 4

（二）强制型 / 4

（三）放任型 / 5

（四）爱心型 / 5

二、改变观念：从班级管理到班级自治 / 6

三、改变关系：从师道尊严到心理同龄人 / 9

四、改变形式：从"一言堂"到班级议事 / 10

（一）"班级听证会"——征求意见，制定规划 / 11

（二）"班级法庭"——解决问题，规范行为 / 12

（三）"世界咖啡书会"——分享交流，树立榜样 / 13

（四）"班级达人秀"——激励成长，拓展潜能 / 15

五、改变方法：从批评指责到优点轰炸 / 17

（一）微笑效应——人际悦纳管理法 / 17

（二）拇指效应 —— 美好情绪管理法 / 19

（三）优点轰炸 —— 积极行为管理法 / 21

## 第二章　思维转变：虐心变悦心

一、培养自主意识，变消极为积极 / 26

二、创意班级活动，变被动为主动 / 28

（一）写影评，上传豆瓣 / 28

（二）写书评，智慧碰撞 / 29

（三）写时评，百家讲坛 / 30

三、积极情绪管理，让消沉变乐观 / 32

四、转变思维方式，把问题变契机 / 35

## 第三章　迈好开学第一步

一、如何让你的班级赢在起跑线上 / 40

（一）新学期开学初工作指南 / 40

（二）开学第一课，六个破冰小游戏 / 46

（三）编写军训指导手册 / 49

二、让学生爱上开学季的小活动 / 52

（一）开学第一天的颁奖礼 / 52

（二）创意红包年年发 / 55

（三）"厨神争霸"美食汇 / 58

（四）为班级写一副毛笔对联 / 58

三、中途接手班级的管理攻略 / 60

（一）七个妙招，让学生爱上新班主任 / 60

　　（二）帮助重组班级拾起希望 / 65

## 第四章　班级管理渐自主

　一、班干部选拔与培训课程 / 70

　　（一）班干部选拔的六种方式 / 70

　　（二）自荐 — 民主选举式的班干部选拔流程 / 73

　　（三）班干部培训课程 / 78

　　（四）班干部的"私教课" / 80

　二、量化考核制度的制定与施行 / 82

　　（一）一张量化考核表轻松搞定排座位、排值日 / 82

　　（二）家长周末反馈表，让"5+2＞7" / 87

　　（三）假期生活每日打卡，开学不用再收心 / 89

　　（四）量化考核失效了，怎么办 / 98

## 第五章　班级活动添活力

　一、班名是这样诞生的 / 104

　　（一）班名之我见 / 104

　　（二）班名的提出 —— 人人出方案 / 105

　　（三）班名的甄选 —— 家校齐参与 / 106

　　（四）班名的确定 —— 签名后方生效 / 106

　　（五）班名的延展 —— 内涵再丰富 / 107

　二、班级有问题？交给"班级法庭"！ / 107

（一）任务分工 / 108

　　（二）"庭审"流程 / 108

　　（三）"庭审"后的反馈 / 109

三、我们班的"百家讲坛" / 110

　　（一）缘起：寂寞的报纸 / 110

　　（二）形式：有序的争辩 / 111

　　（三）意义：全能的"百家讲坛" / 111

　　（四）新闻进行时：朴槿惠成为学生关注的焦点 / 112

四、在关键的时间节点，给学生一些仪式感 / 113

　　（一）告别童年，放飞青春——"走进青春"班级典礼 / 113

　　（二）教师节，给科任老师一点儿有温度的惊喜 / 115

# 第六章　激发学生学习内动力

一、班上那些缺乏学习内动力的"隐性逃课者" / 120

二、期末关键期，学习添动力 / 121

　　（一）这七招帮你期末"不炸毛" / 121

　　（二）习惯养成法，周末加把劲 / 125

　　（三）评语书签，带给学生好心情 / 128

三、假期助学全攻略，从被动收心到自觉用心 / 130

　　（一）寒假，想说"你好"不容易 / 130

　　（二）《寒假加油站》，让假期变得充实又高效 / 131

# 第七章　个体教育看成长

## 一、怎样对待班中"哇啦哇啦"的学生 / 136
### （一）"哇啦哇啦"的女孩儿什么样 / 136
### （二）"哇啦哇啦"女孩儿变形目标 / 137
### （三）五种方法帮助"哇啦哇啦"女孩儿变形 / 137

## 二、怎样面对"灰色"女孩儿 / 140
### （一）等待教育的契机 / 140
### （二）了解她眼中的世界 / 141
### （三）打开心灵的密码 / 142
### （四）播撒阳光的种子 / 143
### （五）遇到最好的自己 / 144

## 三、怎样处理"盗刷"饭卡事件 / 144
### （一）了解事情的经过 / 144
### （二）耐心倾听学生的想法 / 145
### （三）顺势引导 / 145
### （四）班级"亮剑" / 146
### （五）静待花开 / 147

## 四、学生坠入"爱河"，班主任如何引导 / 149

## 五、羞怯的女老师如何引导沉迷于色情的男生 / 153
### （一）改变观念，学习专业知识 / 153
### （二）男生课堂，揭开神秘面纱 / 154
### （三）课后谈话，有针对性地指导 / 155
### （四）家校合力，指导家长进行性教育 / 155

## 六、如何看待"屡教不改"的学生 / 156

（一）"屡教不改"之我见 / 156

　　（二）学生为什么会"屡教不改" / 157

　　（三）"屡教不改"的学生怎么教 / 157

## 第八章　家校共育课程化

一、家校共育微课程，让家长成为学生的影子老师 / 160

　　（一）家校共育微课程的缘起 / 160

　　（二）家校共育微课程的核心是有效沟通 / 162

　　（三）家校共育微课程的目的是共同成长 / 164

二、家校有效合作，老师不能一厢情愿 / 170

　　（一）明确合作范围 / 171

　　（二）坚持合作原则 / 172

　　（三）深化合作内容 / 173

三、家长总是干涉班主任的工作，怎么办 / 174

　　（一）观念转变：换位＋反思，化干预为参与 / 175

　　（二）心态转变：理解＋共情，化担心为放心 / 176

　　（三）方式转变：沟通＋合作，改配合为支持 / 178

四、家长要求给学生换座位，怎么办 / 180

　　（一）表达歉意并表示理解 / 180

　　（二）简单解释班级排位制度 / 181

　　（三）先承诺可以换位置 / 181

　　（四）多提供一种选择——靠自己的努力换位置 / 182

　　（五）尊重学生的选择——让学生自己决定 / 182

五、家长投诉科任老师，班主任该怎么办 / 183

（一）与家长电话沟通 / 183

（二）与学生当面畅谈 / 186

（三）"被投诉"之我见 / 188

# 第九章　专业成长有意思

一、参赛的老师，我想对你说 / 190

（一）获奖与否不是衡量班主任工作的唯一标准 / 190

（二）卸下光环，踏踏实实做个好老师 / 191

（三）赛前的准备是难得的提升过程 / 191

（四）赛后要自觉成长、持续发展、终身学习 / 192

二、老师，请不断进步 / 192

（一）提高终身学习能力 / 192

（二）提升专业素养 / 193

（三）要有自己的一技之长 / 194

三、成长是义不容辞的责任 / 195

（一）你有成长型心态吗 / 195

（二）为什么要有成长型心态 / 196

四、为什么听了那么多讲座，你还是老样子 / 200

五、格局有多大，未来就有多宽广 / 202

六、即使戴着镣铐，我也要翩翩起舞 / 203

（一）杨爸："三年一盘棋，莫着急。" / 203

（二）丁校长：书本之外，还有曼妙的风景 / 204

（三）欢喜："即使是在'工厂'里，我也要加工出艺术品。" / 205

# 自序·把有意义的事做得有意思

我虽然上大学时读的是师范专业，却从未立志做老师。毕业后，我稀里糊涂当了老师，又阴差阳错做了班主任。

"当老师性价比太低了！每天朝七晚十，可工资才几千块。"刚工作时我经常对亲朋好友抱怨。对刚工作的我来说，人生是有无限可能的，我怎甘于在这平凡的岗位上扎根？但做了班主任以后，我忙得没时间想换工作的事。

我是个要强的人，虽然当时没打算一辈子做老师，但既然做了，就要尽力做到最好。如何证明自己做得好？当然是凡事争第一：学生成绩要第一，文明班评比要第一，体育节总分要第一，艺术节总分要第一……为此，我狠抓严打，绞尽脑汁和学生斗智斗勇。一个学期后，我做到了，可我并不快乐，因为实在太累了：做班主任，好没意思！

时间久了，我又发现了做班主任的"特权"。每逢节日，我的桌面上都会有学生送的祝福卡片。我过生日时，黑板上写满了祝福语，学生们蹦蹦跳跳地给我表演节目。开学时，女生们会抱着我甜腻腻地说："张张，我好想你啊！"毕业典礼那天，别的班学生撤场后，我的学生偷偷留下来，在大屏幕上播放他们给我录制的视频感言。毕业后，学生一拨一拨地组团来看我。我沉浸在这种种小幸福里，慢慢觉得：做班主任，有点儿意思！

工作第四年，我有幸参加班主任专业能力大赛，校赛、区赛、市赛、省赛层层选拔，整整比了一年时间。参赛期间，我把学生每天发生的问题当成比赛的"情景答辩"题，思考如何在尊重学生成长规律的前提下有效解决问题，而不是靠从前的那套"管""压""控"。当我以研究的心态看待学生、看待班级、看待繁杂的事务时，学生、班级、问题都成了我的研究对象。我越研究越能发现解决问题的乐趣。我发现，没有问题学生，只有问题行为。学生的问题解决后，他获得了成长，我获得了成功感。学生的成长和教师的自我成长，赋予了班主任工作更多的价值和意义：以研究的心态做班主任，真有意思！

班主任工作是有意义的，如何把有意义的事做得有意思，如何把繁杂的工作变得轻松、高效，就是本书的主要内容。

如果你觉得班主任工作没意思，希望你能从这本书中找到乐趣。如果你在班主任工作中缺少方法，希望这本书能让你脑洞大开。如果你感到了职业倦怠，希望这本书能给你注入满满的正能量。如果你是一个迷茫的班主任，希望这本书能让你找到方向。

愿你也能把有意义的事变得有意思！

第一章

观念转变：
兵法变心法

# 一、传统的班级管理模式

传统的班级管理模式有四种：兵法型、强制型、放任型和爱心型。

## （一）兵法型

提到兵法，我们就会想到战场，想到三十六计。兵法型班级管理，指班主任把学生当成"敌人"，把班级当成"战场"，每天和学生斗智斗勇，以战胜学生为目的。为了制服"敌人"，教师管、控、骂、训，教育方式简单、粗暴。作为被管理的对象，学生需要察言观色，随时改变自己的战略以躲避班主任的法眼。

兵法型班主任总是为自己能够战胜学生而沾沾自喜，仿佛自己是智慧的化身。其实，班级管理不是警察抓小偷，不是猫捉老鼠。班主任不应该是到处灭火的消防员，也不应该是斗智斗勇的军事家。

## （二）强制型

强制型班主任大多性格强势，气势凌人，站在讲台上扫视一圈就能让全班学生毛骨悚然。有些学生听到班主任的脚步声就瑟瑟发抖。强制型班主任采用自上而下、命令式的单向沟通方式，不允许学生有自己的想法。学生只能无条件服从班主任的指挥，哪怕是错误的命令和决定也要执行。学生一旦犯错或者违背班主任的意愿，就会被严厉处罚。

长时间处在这种班级管理模式下,学生会变得自卑、怯懦、冷漠,上课不愿回答问题,怕自己成为众人关注的焦点;不愿在集体活动中表现自己,总是担心自己做得不够好;更不愿主动承担班级事务,唯恐出错挨骂。这样的班级表面上看起来风平浪静,实则暗潮汹涌;学生表面上对班主任唯命是从,背地里却怨声载道。班主任对班级的管理稍有放松,班级问题就会浮出水面。

## (三)放任型

放任型班主任不做长远规划,没有班级管理目标,缺乏对班级活动的有针对性的指导,任由学生自由发展;若班级管理遇到问题就随便应付,只要过得去就行。

放任型班主任既不用心也不用情,抱着不求有功但求无过的心态度日,没有职业规划和职业理想,更没有教育情怀。这样的班主任管理的班级纪律涣散,没有凝聚力和向心力。

## (四)爱心型

爱心型班主任既像妈妈又像保姆,所有事都喜欢亲力亲为。看起来这个班主任很负责任,但他无形中霸占了学生的主体地位,剥夺了学生自主学习、自由成长的机会。他打着"为了学生好"的旗号,做着影响学生长远发展的事。

爱心型班主任往往缺少教育智慧,教育方式比较单一,自己劳神伤身,学生却不一定理解和感恩。长此以往,爱心型班主任容易对自己的能力产生怀疑,对工作产生倦怠情绪。

爱是教育的前提，却不是教育的全部。我们需要在爱心这片土地里加点儿智慧的肥料，只有这样，才能让孩子们开出绚烂的花朵。

在上述四种班级管理模式中，学生均没有愉悦感、自豪感。

## 二、改变观念：从班级管理到班级自治

班级管理赋予班主任一种权威感，班主任是管理者、支配者，学生是被管理、被支配的对象。班级经营则不同，在这种情况下，班主任不再是唯一的权威，而是学生的引导者、学习的规划者，是班级发展的"合伙人"。班主任为学生创设愉悦的学习环境，营造和谐的班级氛围，建立民主、平等的人际交往空间。学生不再是被管理、被支配的对象，而是班级的主人，与班主任共同承担班级事务。

从班级管理到班级经营，这并不是文字游戏，而是更多地体现了教育观念与教育价值取向的变化与进步。在新时代的班级经营中，我们应致力于全人教育目标的达成，重视人性化的班级行政管理、生活化的班级情景规划、艺术化的班级常规训练和民主化的班级自治活动，突出对人的尊重。

【案例1 女神·经】

初为人师的我踌躇满志。与学生见面的第一天，我精心打扮了一下。"哇，女神！"学生的窃窃私语让我沾沾自喜，信心满满。

开学第一周,我就大刀阔斧地狠抓文明班评比。我利用学生敬畏新老师的心理特点建立了一系列惩罚制度,以保证我们班在文明班评比中可以得高分。内务被扣 0.5 分,就要被罚抄书半小时;自己班值周时,为给自己班加分让学生报虚假数字;所有比赛,学生若拿不到第一名就会被我大声训斥……这些方法果然奏效,文明班评比我们班名列前茅。我心中窃喜。

一次广播操比赛后,我无意间在学生寝室门外听到了两个女生的谈话。

"你们班有女神班主任亲自督战,广播操比赛怎么没拿到第一名呢?"

"唉,什么女神,都变成女神经了。这次没拿第一,她肯定又要发飙了——拍桌子,踹椅子,摔门而去。来,我给你模仿一下女神经的狮吼神功。"

接下来,怒吼声、踢门声、嬉笑声不绝于耳,我在门外气得浑身发抖,真想踢开门告诉她们:"我这样做还不是为了班级荣誉!"可是如果我这样做,岂不真的成了女神经?我只好带着愤懑离去。

"屋漏偏逢连夜雨",晚上,校长找我谈话:"小张啊,你最近工作很努力,表现得也不错,但是不是方法有问题?学生怨气很大,家长说你罚学生太狠,要求撤换班主任。要不,我找个人先代你的班,你休息一段时间,调整调整?"什么调整,分明是撤换!这对我而言无异于晴天霹雳,难以言表的委屈和伤心让我病倒了。我一蹶不振,心里发誓永远不再当班主任。

暑假的一天,我收到班长代表全班同学发来的 QQ 留言:"老师,听说你病了,我们都很担心你。代理班主任经常对我们说,你过去抓文明班评比、对我们严厉其实是为我们好。现在我们真正理解了你的良苦用心。真诚希望女神回归我们的班集体!"

学生的宽容让我反思：以前，我眼中只有班级荣誉，很少顾及学生的需要和感受。若班主任心里没有学生，怎么能成为学生生命成长的引路人？

深刻的反思让我豁然开朗。我郑重其事地向校长提出重回班级的请求。

初二时学校组织艺术节，我没有像从前那样强迫优秀的学生去参加比赛，而是鼓励每一个学生大胆展示自我。看着他们在台上虽不完美却积极自信的表演，我终于知道了成长比成绩更重要。

在毕业晚会上，学生对我说："感谢你，我们心中的女神！"我说："谢谢你们，是你们用真诚和宽容挽救了一个沉沦的女神经！"

案例中的班主任因求胜心过强，逐渐变成管控班级的"女神经"，学生在高压式的班级管理中度日如年，最终奋起反抗。班主任在经历了学生反抗、谅解等风波后反思自己："班级管理，管束是下策，激励是上策，好的班主任善于激励学生自己去争取荣誉。"班主任班级管理的观念转变了——从管束到激励、由他律到内生，班主任对自己的定位由班级管理者转变为班级合伙人，所以才有了接下来师生关系的缓和与班级的良好发展。班主任也蜕变成引领学生精神成长的女神。

黄建伟校长曾说："要想让学生爱上学习，首先要让他爱上他的学校，爱上他的班级，爱上他的老师！"这句话深深地影响着我。一个学生只有爱上自己的班级和班主任，才能身心愉悦地学习。试想，若学生整日里想着和老师斗智斗勇，想着怎么反抗老师，想着如何躲避老师，他还能有心思学习吗？他在这个班级里还会有愉悦感和幸福感吗？

班级管理主要是对学生的管理，管人先管心，班主任应先使学生心情愉悦，这样班级管理才能有效。这需要班主任营造一个宽松、舒畅的班级环境，供学生自由表达想法，自由发挥才干。

## 三、改变关系：从师道尊严到心理同龄人

人在不同阶段有不同的重要他人：总体上说，学前阶段的重要他人是父母，小学阶段的重要他人是教师，中学阶段的重要他人是同伴，即中学阶段个体受同伴的影响最大。这启发我：要想走进学生的内心，就要做学生的"心理同龄人"，和学生像好朋友一样对话。

在班级管理中，很多时候是"关系大于管理"。班级管理更侧重学习活动，而班级经营还应包含对学生、老师、家长之间关系的经营和完善。和谐的师生关系和融洽的同学关系是学习活动、班级生活的基础和前提，对班级文化的建立和教育目标的达成有重要作用。因此，打造和谐友好的班级关系（包括师生关系和生生关系），是班级管理的关键。很多班主任与学生之间存在由年龄差别带来的距离感。作为班级的组织管理者和学生成长的指导者，班主任首先要积极改变"师道尊严"形象，努力成为学生的心理同龄人。

崔永元在《不过如此》一书中说，数学老师的不当行为使他患上了数学恐惧症。崔永元因为不喜欢这位数学老师而不喜欢数学。

师生关系既具有人际关系的一般特征，同时又具有教育特性。重人际关系的一般特征，轻教育特性，师生交往就会变得无原则、无底线；重教育特性，轻人际关系的一般特征，教师就无法走进学

生的内心。教师应努力在二者之间寻求平衡，做到与学生亦师亦友。

做学生的心理同龄人的一个秘诀就是"我爱你所爱"——学生喜欢的，教师也去接触，也喜欢。这样，师生间就会有共同话题，距离也会拉近。比如，学生爱看的电视剧自己也看，学生追的星我比他还了解。这样，我推荐的书学生也就会用心去看，我说的话学生也就更愿意听。

比如，在英语老师的带领下，学生们喜欢上了汉服，还相约周末去拍照。我本来对汉服不感兴趣，但我很喜欢学生们穿上汉服时既端庄又优雅的模样，于是便去找历史老师了解汉服文化，上网查找相关资料，还在网上购买汉服。就这样，我和学生们有了共同话题，我们聊汉服的种类，聊汉服的改良，聊汉文化……学生常说我和他们很聊得来，我也一直努力成为与学生"相似"的人。

## 四、改变形式：从"一言堂"到班级议事

在传统的班级管理模式中，班主任常常是"一言堂"，班规是班主任管控学生的武器，学生不得插手；班会是班主任对学生的单向灌输，班主任不停地灌输自己认为正确的价值观，学生不得插嘴；班服是班主任挑选的，学生不能不穿；班歌是班主任觉得最励志的，学生不能反驳……然而，学生性别不同，性格不同，家庭背景不同，成长经历不同，他们有自己的思想和主见。教育不是制造业，我们不应该把学生塑造成同一个批次的产品。学生不是学习的机器，更不是老师出成绩的棋子。作家张晓风在《我交给你们一个孩子》中

说:"世界啊,今天早晨,我,一个母亲,向你交出她可爱的小男孩儿,而你们将还我一个怎样的呢!"这个母亲的叩问敲击着每一个教育者的心门,我们到底要培养什么样的未来公民?

班级议事是班级里人人参与评论,商议班级事务,共同进行班级民主管理的班级生活方式。班级议事可以让学生自觉参与班级管理,这一方面激发了学生参与班级管理的热情和积极性,提升了学生自主参与班级管理的能力和自觉性,另一方面帮助学生形成了民主精神和公民意识,为学生将来成为合格的公民打下基础。

班级议事制度刚开始在班级中实施时,同学们参与的热情高涨,效果很好。但在实施一年后,由于一事一议、就事论事的形式比较单调,同学们的热情渐减。形式影响效果。于是我们开始探索贴近时代、贴近学生生活,具有针对性、创造性,且学生喜闻乐见的班级议事形式。征求班级发展意见的"班级听证会"、解决班级问题的"班级法庭"、树立精神榜样的"世界咖啡书会"、激励学生成长的"班级达人秀"等与时俱进的班级议事形式,让班级议事在创新中发展,让学生在班级议事中成长。

## (一)"班级听证会"——征求意见,制定规划

"班级听证会"是在班级执行新计划前,教师为广泛听取学生的意见而开展的民主的有预见性的班级议事活动。"班级听证会"的议案一般由班主任草拟,也可以由班委会成员或者科任老师、家长提议。"班级听证会"的具体形式不拘一格,有时是座谈会,有时是辩论会,有时是论证会,等等。

每学期开学初,我们都会举行"班级听证会",征求大家有关班级发展规划的意见和建议。初一上学期刚开学,我们班便召开了班

级发展规划的听证会。

班主任要做好准备工作，提前招募听证会的主持人、记录人员及陈述人（以学生自荐为主）；及时发出听证会公告，并提前一周把听证会的议案挂在班级公告栏和班级博客上，给学生留出充分的准备和思考时间，同时向科任老师和家长发出邀请。

在听证会上，主持人首先做激情澎湃的开场白，描绘班级美好蓝图。之后，陈述人（家长代表、科任老师代表、学生代表、班主任）依次发言，说出自己对班级发展规划的意见和建议。陈述人发言完毕后听证会进入听证辩论阶段，学生自由发表见解，对班级发展规划做出补充。

会议结束后，班主任应根据陈述人的发言、辩论的内容及时做好归纳总结，完善班级发展规划，打印后张贴在公告栏上。最后，全体学生签名，班级发展规划生效。

此外，在举行大型活动前，班主任也可以组织"班级听证会"。例如，讨论体育节开幕式的有关舞蹈、美食节的相关烹饪攻略、义卖的活动流程等。凡是和班级有关的大事，都可以用听证会的形式解决，学生即使不能作为代表参赛，也可以献计献策。这样，可以使每位学生都树立主人翁意识，鼓励其为班集体贡献自己的力量。

"班级听证会"还能帮助班主任了解学生真实的想法，使班主任做出更符合班情、更有利于学生发展的班级规划。

## （二）"班级法庭"——解决问题，规范行为

处在青春期的学生独立意识和逆反心理增强，对长辈的说教和指导往往抱有抗拒心理。他们渴望独立，渴望亲身体验、探究，不愿意一味听从成年人的教导。所以，他们经常故意犯错，犯错后又

不接受说教，更别提处罚了。基于这一特殊阶段学生的心理状况，我们班设立了一个"班级法庭"。在这里，学生自己判断是非对错，自己考虑如何承担责任，从而自觉地改变自己、改变他人，营造良好的班级氛围。

俗话说"清官难断家务事"，而我们这个"法庭"则是"清官来断家务事"。这是一个专断"家务事"的"民间法庭"，"法庭"所审的"案件"均来自班级日常事务。"清官"是谁呢？不是班主任，不是科任老师，也不是家长，而是全体学生。与正规法庭一样，这个"法庭"里也有法官、检察长、被告、陪审团、控方律师和辩护律师等职务。职务的承担者不是固定的，只有"法官"固定由班主任承担，其他职务在不同案件中均由不同学生承担。"检察长"由班委会成员担任，他要负责找出班级中所有不"法"行为，确认不"法"之人（"嫌疑人"）并将案件呈交"法庭"。其他学生负责举证，在"法庭"上陈述平时看到的事实。同时，"嫌疑人"亦可"自辩"或"上诉"，但一切皆需以事实为基础。最后，"陪审团"提出决议，"法官"做最后裁决。这个"法庭"虽然带有娱乐性质，但"审判"的内容是严肃的。

在这个"法庭"上，人人平等，人人都有说话的权利和义务，人人都乐于在这种虚拟角色的体验中发现班级中不好的言行，并思考其影响及解决方法。这个"法庭"也在一定程度上减轻了班主任的压力，减少了学生与老师之间的摩擦。班主任还能在学生激烈的辩论中了解到大家的思想动态、价值观等，并及时做好沟通、引导。

## （三）"世界咖啡书会"——分享交流，树立榜样

一个人的发展高度在很大程度上取决于其阅读能力，读书的黄

金时期之一是中小学阶段。广泛、深入的阅读会对学生开发智力、树立正确的价值观产生深远影响，所以，我在班级里开展了"世界咖啡书会"活动。"世界咖啡书会"既不是单纯的班级议事，也不仅仅是读书交流会，而是把读书与育人相结合，把班级议事与思想提升相结合，通过读书分享的形式，树立榜样，传递班级正能量。"世界咖啡书会"既培养了学生读书的兴趣和习惯，又通过书中人物的经典形象树立起班级正气，起到文化育人的作用。

我们把每周四的阅读课定为"世界咖啡书会"时间。在这节不同寻常的阅读课上，我们把课桌围成喜欢的样子，时而围成一个圆圈，时而两方对阵，时而四人组成一个小组。第一轮，大家找到自己的"咖啡厅"并推选出桌长。桌长负责组织讨论，并将本桌的主要观点写在大白纸上。第二轮，桌长留下，其他成员分散到其他"咖啡厅"。桌长向新来的同学介绍本桌的首轮观点，新来的同学介绍自己"咖啡厅"上一轮的讨论结果并对新"咖啡厅"的观点发表意见，桌长记录、补充。第三轮同第二轮。最后，所有学生回到一开始的座位上，桌长汇聚观点并汇报。

起初，我们全班共读一本书。在"世界咖啡书会"上，我们结合自身的实际情况以及班里的情况谈这本书的现实意义。比如，初一下学期我们全班共读《童年》，所有学生都被阿廖沙悲惨的童年生活深深触动，同时也被阿廖沙在黑暗中看到光明、在邪恶中看到善良的乐观的精神感染。所以，我们把书会的主题定为"寻找棒棒家的'阿廖沙'"——寻找班级里"正直、善良的'阿廖沙'""吃苦耐劳的'阿廖沙'""勇敢、自信的'阿廖沙'""坚强、乐观的'阿廖沙'"。在书会上，学生热情高涨地推荐身边的"阿廖沙"，被推荐的"阿廖沙"充满自豪感，仿佛自己也是和高尔基一样的伟人。这对学生起到了很大的激励作用。例如，小逸推荐小乐同学为"坚强、乐观的'阿廖沙'",推荐理由是:"小乐踢足球时撞破了额头,满身是血,但他既没有掉眼泪,也没有抱怨,而是一直笑着宽慰老师和家长,还和同学开玩笑。坚强、乐观的小乐是我们学习的榜样,我推荐他为我们班'坚强、乐观的"阿廖沙"'。"小乐受伤时没有掉一滴眼泪,被同学评为"坚强、乐观的'阿廖沙'"时眼睛却红了。在接下来的日子里,外在的鼓励转化为他内在的动力,他变得更加奋进,像书中的阿廖沙一样拼搏进取,不断进步。

后来,班上的学生开始读不同的书,我们也开展了一系列研讨活动。读《钢铁是怎样炼成的》,我们讨论偶像与追星问题,帮助学生寻找真正的精神偶像;读《名人传》,我们也为班里的同学写"名人传",印制"班级名人录"宣传报纸并将其派发到各班;读《边城》《平凡的世界》,我们探讨学生理想中的伴侣形象,男生学会责任与担当,女生学会矜持与内敛;读《水浒传》,我们开展"让花名美起来"活动,将那些不文明的绰号换成有激励作用的雅号。

## (四)"班级达人秀"——激励成长,拓展潜能

"班级达人秀"用榜样示范的方式激励学生挖掘潜能、自强不息,促进学生个体与班集体持续不断发展,属于总结性班级议事形式。每个学期我们班都会组织两次"班级达人秀",一次在学期初,一次在学期中,及时对班级中的好人好事、进步典型等予以表扬。这么做一方面激励了被表彰者的斗志,另一方面也为未被表彰的学生树立榜样。

"班级达人秀"不是学优生的独角戏,而是每位学生都能够参与的班级议事形式。评选内容覆盖多个方面,可以让每位学生都有机会参与,都有被表彰的可能。评选内容分几个方面:第一,学习

方面，评选单科状元、进步奖、稳定奖等。第二，生活方面，以寝室为单位，评选星级寝室。第三，量化考核方面，评选在纪律、卫生等方面取得较大进步的同学。第四，达人评选，评选"学生达人""家长达人""老师达人"。此外，每个年度评选一位班级形象大使，班级制作海报并将其张贴在公告栏上。

举办"班级达人秀"的流程大致如下。

第一步，确定被表彰人员名单。被表彰人员名单并不是由班主任指定的。学生填写申请表，陈述申请理由，并附上奖状和成绩证明等材料，然后交给班委会打分，最后由班主任评定。家长和科任老师的获奖名单则由全班学生投票产生。

第二步，举办颁奖仪式。颁奖仪式没有固定的环节，每次都会根据被表彰者的具体要求进行调整。颁奖人也不是固定的，由被表彰者自己选定，可以是老师、家长、朋友、学长等。颁发的奖品包括一幅小型海报（上面有班委会成员拟写的颁奖词），以及获奖同学的照片和班级公章。奖品还包括丰富多彩的创意文具，比如，书桌版月历、"葵花宝典"笔记本、张老师的语文复习宝典、苹果便利贴、彩图胶带等，被表彰者可以自由选取。颁奖后，获奖者要发表获奖感言。

颁奖仪式后，我们会安排班级小记者采访被表彰者及其家长，撰写新闻稿，刊登在班级报纸上。

实践证明，班级议事是一种有效的班级管理方式。时代在进步，学生的心理也在不断变化。为了使班级议事更有实效性，我们要勇于尝试，在实践中不断创新，针对不同情况开展不同形式的班级议事活动，让班级议事成为学生勇于参与、乐于参与的班级活动，以提高学生的民主意识和集体荣誉感。

## 五、改变方法：从批评指责到优点轰炸

悦心管理，有变被动为主动、化消极为积极、让他律变自律、变不利为有利、化压力为动力等策略和具体方法。其中，微笑效应——人际悦纳管理法、拇指效应——美好情绪管理法和优点轰炸——积极行为管理法，都是屡试不爽的好方法。

### （一）微笑效应——人际悦纳管理法

教师要悦纳学生，首先要悦纳自己。整日愁眉苦脸，只知道盯学生、抓成绩的老师会幸福吗？他的学生会快乐吗？学生有自己的人生路要走，他们有自己的思想和自由。那些企图控制学生，希望以牺牲自我为条件换取学生好成绩的老师，很可能会既牺牲了自己，又阻碍了学生。

我们要发现并放大每个学生身上的闪光点，理解并包容每个学生的问题行为，真正悦纳学生。教学生就像种花，要耐心等待花开。每个学生都是一朵花，只是开放的时间不同。若人家的花在春天开放，你也不要急，也许你家的花是在夏天开；如果到了秋天还没有开，你也不要着急跺脚，说不定你家的这朵花是蜡梅，是在冬天开花。每种花都有自己的特点，开花的早晚并不相同。学生是独立的个体，我们应该尊重生命成长的规律，静待花开。莫心急，莫生气，要给学生犯错的机会。

两个人在荒漠中行走，不一会儿便会口干舌燥。瓶子里有半瓶水，一个人沮丧地说："只有半瓶水了。"另一个人却开心地说："还有半瓶水呢！"前者消极的情绪很可能让他走不出这片荒漠，但后者

凭借乐观的心态可能迎来生命的曙光。面对同一个学生，有的老师只看到他的缺点，试图通过各种方法使他解决自身的问题，而有的老师却带着欣赏的眼光期待他变得更好。

一位班主任外出学习一周，回到班级后，她问学生："我不在的一周里，你们听不听话啊？都有谁犯错误啦？"另一位班主任同样外出学习归来，却换了一种方式问学生："我不在的一周里，你们谁表现得最好啊？"同样的情境，两位班主任却采用了不同的交流方式，反映出的是不同的教育心态：前者习惯找问题、找缺点，后者喜欢找亮点、找优点。不同的教育心态将会带来不同的教育效果。

**【案例2　鬼子进村啦】**

小超一进教室就压低声音喊"鬼子进村啦"，暗示大家我来了。原本窸窣作响的教室顿时安静了。

我走到教室后门时，看到了这一切。我既为小超通风报信破坏了我的突然袭击而气愤，也为学生欠佳的自习课表现而恼火。距离中考还有一个月，这些学生哪有要参加中考的样子！可是我若因为几个人的问题对全班发火，会不会又被说成小题大做？我打算换一种方式。

后门到前门只有十米远，我尽量放慢脚步，给自己留下更多的思考时间。我试图想出一个既能批评通风报信的小超又能暗示大家自习时应更加自律的办法。我的大脑飞速运转，终于在推开前门的那一刻我想到了办法。

我站在讲台上，面带微笑，幽默地说："你进来就进来好啦，不用自报家门的。虽说你很擅长通风报信，也不至于自称鬼子呀！"学生听我这么奚落小超，纷纷回头看着他笑，他也不好意思地抿嘴笑。

我又接着说："虽说鬼子不像鬼子，但咱们班确实像个村。"学生好奇地看着我,心想这么现代化的教室怎么会像农村呢?"鲁迅笔下的故乡就是农村,里面有很多喜欢讲闲话的人,譬如杨二嫂,这一点我们班和它比较像。"他们这才反应过来,我是在讽刺他们在自习课上偷偷讲闲话,几个说话的人低下了头。

然后,我话锋一转:"我们班现在是个村不要紧,在我这个村长的带领下,我们班一定能奔向中考的富裕路,成为中学界的华西村!"大家被我这番话震住了,两秒钟后才开始热烈地鼓掌。接下来的自习课上,学生个个精神振奋,效率很高。

从暗示到讽刺,从反语到激励,短短的两分钟里,我既解决了通风报信的问题,又解决了学风问题,一箭双雕。我庆幸当时自己控制好了情绪,倘若我发火,可能又会造成师生沟通中解不开的小疙瘩。

## (二)拇指效应 —— 美好情绪管理法

许多教师想让学生变得更好,采用的教育方式是先让他体会自己的糟糕行为带来的糟糕后果。比如,学生迟到了,为了让他以后不迟到,首先让他尝尝迟到带来的痛苦。于是,教师变着花样惩罚学生:上下蹲,跑步,抄书……

我曾经也很喜欢这样的教育方式,但我发现惩罚只在短期内有效,过不了多久,学生又会犯老毛病。所以,许多学生即使上了高中,仍旧没有养成良好的行为习惯,缺乏自主学习的内动力。

我们应转变思路 —— 从找问题走向找优点,化消极为积极。

美好情绪管理法的理念是用美好引领美好 —— 发自内心地欣赏学生,让学生感觉自己很棒,他们也许就会朝着你期待的方向成长。

与惩罚相比,虽然拇指效应的短期效果没那么明显,但长期效果显著。班主任应用心地发现每个学生可能连自己都不知道的闪光点，多肯定他、鼓励他，让他感觉自己很棒。这样，学生一旦犯错，就会觉得这种错误行为配不上那么棒的自己。

班主任可以将拇指效应运用在班级及宿舍管理中，这既有利于增进师生友好关系，营造和谐班级氛围，又能促进学生良好行为习惯的养成。

**【案例3 不写作业的小欣】**

小欣是我们班上一个不起眼的女生。她相貌平平，性格安静，成绩中等，我一直没有特别关注她。

初一的寒假作业六科里她竟有五科未完成，连我教的语文都没做完，这引起了我的注意。我联系她的家长询问情况，她妈妈很无奈地告诉我："她假期里几乎每天都把自己关在屋子里画画、看书，我每次问她作业写完了没，她都说写完了。前两天我对照作业清单检查时才发现她几乎没有写过作业……"

通过和她妈妈的对话我得知，小欣很喜欢看漫画，从小就开始模仿着画；她还很爱看书，尤其是文学和诗歌。她不做作业是因为她觉得做作业没用。

小欣很有主见，我强制性地惩罚她只能解决眼前的问题，不能解决根本问题。如何才能激发她的学习积极性呢？我试着从她的爱好入手。

在回宿舍的林荫路上，我们俩开始闲聊。我说："我很喜欢漫画家夏达，尤其喜欢她的《子不语》。我觉得你和她很像，都很有天赋，又都很低调……"她顿时来了兴致，滔滔不绝地讲起夏达成名前经历的种种磨难。我们从中国漫画聊到日本漫画，从宫崎骏聊到村上春树，从《挪威的森林》聊到《解忧杂货店》……

"你是我见过的最有写作天赋的学生，思想有深度，眼界有高度，笔尖有温度，相信你未来可以成为一流的作家……"她惊诧地转头看着我，似乎难以相信我对她的评价竟如此之高。

"但是你现在离一流作家还有一段不小的距离。你既需要博采众长，又需要接受高人的指点。我上大学时，现当代文学老师对我的影响很大，在他的影响下我的文学素养有了很大提高。如果你能考到比较好的大学，比如北京大学的中文系，那你的视野和高度又会有所不同。我上的大学只是省重点，所以接触知名作家的机会很少，但是我在北京大学的同学，就听过莫言、余华、王蒙的讲座，还曾和这些名家直接对话……"小欣听到这里连连感叹好大学的机会真多。

于是我接着说："加油吧，争取考到好一点儿的高中，进一所好一点儿的大学，这样才对得起你的才华。或许你就是下一个林徽因、张爱玲……"

她没做作业的事我只字未提，但是她主动在一周内补齐了所有作业，以后也渐渐地改掉了不做作业的毛病。我们经常在一起聊文学、聊写作，她后来还成了同学们口中的"罗大师"，大家修改作文时总要去请教她。

毕业前夕，她给我写了一封两千多字的"情书"，字里行间饱含深情，我每每读来都会热泪盈眶。我用拇指效应唤醒了一个又一个灵魂，这是为人师者最美的荣誉勋章。

### （三）优点轰炸 —— 积极行为管理法

我喜欢下面这个难辨真假的故事。据说，非洲的巴贝姆巴族至今仍保留着一种古老的生活仪式。当族里的人犯了错误时,族长便会让他站在村落中央。这时,部落的人都会围上来,依次告诉这个犯错误的人,他曾经为整个部落做过哪些好事。叙述时要实事求是,不能夸大。整个赞美仪式,要持续到所有人将正面的评语说完为止。

实事求是的赞美就像一剂良药,能够愈合因为犯错误而引发的心灵创伤和悔恨。若我们一味用滚水一样的言语去批评犯错误的人,他迟早会成为不怕开水烫的"死猪"。

学生犯错时,我们又该如何表扬呢?我们来看看下面这个案例。

**【案例4 我要狠狠地表扬你】**

暑假语文作业中有一项是背古诗。开学第一天我组织学生默写,然而收上来的古诗默写试卷却一塌糊涂。

这个班的前任班主任很严厉,学生们已经被罚得刀枪不入了,被骂得耳朵长茧子了。

怎么办?反其道而行之!他们被罚得脸皮厚了,那我就一点一点把脸皮夸薄,重塑他们的自尊心。

初三开学后的第一节课,我面带微笑地讲解新学年的学习要求,顺带讲了一下古诗默写情况。

"我顺便说一下默写情况。"我顿了一下,看看学生的反应。几个默写得0分的男生露出了"视死如归"的神情,他们正了正身子,等待一阵狂风暴雨袭来。

"首先,我要表扬我们班默写全对的同学——小钰、小昕、小阳……他们利用暑假时间先行一步,给自己的初三开了一个好头。他们是我们全年级学习的典范,是我们班的骄傲。我们要送给他们热烈的掌声以及膜拜的眼神。

"第二，我要表扬取得进步的同学——小豪和小泉，他们虽然没有全对，但是已经有了很大进步。希望他们以后可以更上一层楼，让我们给他们一点儿鼓励的掌声。"

这两段表扬为班级营造了良好的氛围，也为我下面的重点表扬做好了铺垫。

"第三，我要表扬整首诗都没写的同学。他们诚实地面对自己，没有为了应付老师而作弊。所谓'分数诚可贵，诚信价更高'，我们要给他们一点儿赞许的掌声。"为了保护学生的自尊心，我没有点名字。

"第四，我要表扬五首诗全部没写的同学。他们不但诚实，还为张老师改作业节省了大量时间，极大地减轻了张老师的工作量。我们也要给他们一点儿期许的掌声。"我边说边笑，笑得这几个学生直发毛。

接下来，我们又一起商量了试卷订正几遍以及如何订正。

我告诉他们："订正的目的是记住，倘若你晚上交作业之前都背下来了，那么你可以不订正。"

下课后，我看到默写时一个字都没写的小涛去食堂时还拿着语文书，边走边念叨。

第二天的默写情况大大出乎我的意料：订正作业全部收齐，我表扬的第四批学生（五首诗全没写）也把五首古诗全部背下来了。其中，以拖沓著称的小涛，上晚自习时主动找我背诵，五首诗全部背了下来。

平时，我也会用这种办法管理班级。比如，在班级组建初期，每周我都会给学生发一张匿名表扬条，上面写着这样一段话：

在这个团结友爱的大家庭里,我每天都会发现值得我学习的榜样。我有发现美的眼睛,我要表扬某某某,因为他……他是我学习的榜样。

学生写完后将纸条上交,我再将表扬条发给被表扬的学生。

在班级组建之初,学生彼此还不太熟悉,大家关注最多的就是班干部,他们也是被表扬次数最多的。与老师的表扬相比,学生更看重自己在同伴心目中的形象。班干部在同学们的肯定声中越干越起劲。

我利用一张小小的表扬条营造了温馨、和谐的班级文化氛围,迅速增强了班级的凝聚力和向心力。

第二章

思维转变：
虐心变悦心

# 一、培养自主意识，变消极为积极

周日晚上，我在微信朋友圈发了一条消息："晚上，我打包了茶点给302宿舍的学生吃。她们正吃得津津有味时，我说：'多吃点儿，晚上才有力气说话。'学生们顿时噎住了，不好意思咽下去。我是个'坏老师'，专治班级里的各种疑难杂症。"

消息发出后，小伙伴们纷纷为我点赞："厉害""好办法""你果然够狠""高，实在是高"……

我沉浸在一片赞美声中无法自拔。膨胀后的我把这条消息发给师父，按下"发送"键时我的心中颇有几分得意，静待师父表扬我。

几分钟后，我终于盼来师父的回复。

"你这用的是兵法。"顿时，我觉得自己被师父敲了一闷棍。

过去，我常用兵法控班、治班，与学生斗智斗勇，以战胜学生为傲。近年来，我在师父的指导下开始潜心研究班主任工作心法——把心理学的原理和技术运用到班级管理以及班会课的设计中，于是有了我的"悦心式班级管理"理念和"心法式班会课"系列。

我一直以为自己很明白心法与兵法的区别，不料，自认为得意的案例竟被师父说是用了兵法。

我连忙问师父："那怎么做才是用心法？"

师父回复："你与学生玩心计，以战胜学生为目的，用的不是心法而是兵法。心法以唤醒学生自悟、自省、自构为目的，以尊重学生为前提，常用启迪、共情、暗示、商量、换位思考等方式来达到助人自助的目标。根据这一案例的具体情景，用诙谐幽默的方式向学生请教，可能更加有效。你可以说：'你们晚自修时说话，为师已是黔驴技穷、无计可施，今特提小食前来请教各位有何妙招。'兵法和心法的差别在于教师教育学生时的出发点与学生接受教育时的心理感受。换言之，师生交流过程和结果是虐心——抵触、敌对，还是悦心——心悦诚服。"

师父一语惊醒梦中人。我反思了自己的做法。虽然我给学生送吃的看起来是以奖励代替惩罚，但那句带有反讽意味的话让学生的心理感受变得很糟糕。学生即使不再说话了也不是真的心悦诚服，而是迫于我的权威敢怒不敢言。向学生请教，鼓励学生为班级发展献计献策，无形中也是在培养学生的规则意识，变消极为积极。

以往，当学生的行为出现问题时，我们首先想到的是如何管控和制服学生，而没有以学生的心理需要和心理感受为出发点，没有尊重和顾及学生的自尊心、自信心。师生之间斗智斗勇，一般会产生两种结果：一种是在老师的智斗下，学生变得越来越"精"，越来越"油"；另一种是学生表面上服从教师，按照教师的意思去做，但实际上是口服心不服，只是消极应付教师。

班主任的兵法策略在很多时候只能起到消解学生的自主意识，削弱学生的主动精神和自立能力的作用，长此以往，对学生品德的发展和心理人格的成熟十分不利。兵法式管理对那些自律性差的学生尤其不利，他们表面上乖乖的，老师若不盯着他们又变回老样子。长久来看，这样的智斗式管理还不利于学生自我管理意识和自主发展能力的提升。相反，以心法管理班级，更有助于不同类型的学生自主管理意识和自主发展能力的提升，这是我的实践经验和体会。

## 二、创意班级活动，变被动为主动

正处在青春期的学生随着身体的发育，心理也不断发展成熟。他们渴望得到他人的关注和认可，有情感交流的需要。我们可以换一种方式让学生爱上学习，变应付老师为自主探究，变"要我学"为"我要学"。

### （一）写影评，上传豆瓣

暑假里，我布置了一项写影评的作业。我觉得这个作业形式新颖，应该会受到学生的欢迎。但学生交上来的影评大多是从网上下载的，很多连改都没改。我私下里问过学生，一个平时酷爱看电影的学生说："因为您布置了写影评的作业，我看电影时都不能放松下来，心里总想着要记住某个镜头或台词。为了完成作业而看电影真的很累，也看不出什么美感，体会不到什么真情。"另一位学生则很直接地说："老师，您布置这个作业，和小学老师带我们春游，然后让我们写日记有什么区别？一点儿也不好玩，影评还不是交给你看的作文？"

老师强迫学生做一件事，效果往往会大打折扣。学生的话让我思考：怎么做才能让学生爱上写影评呢？

正处在青春期的学生渴望得到他人的关注和认可，因此，我想到，若将影评上传到网络，学生就可能有一大批读者，受到更广泛的关注。

国庆假期，我组织学生开展"写影评，上传豆瓣"活动。我们班的小易同学激动地发微信给我："张老师，你的建议好有用啊，这个假期我过得特别充实。其实，我一直都关注豆瓣，就是没有尝试过，没想到第一次写就有点儿感觉了，还有人给我写评论呢！"她迫不及待地把影评的链接发给我，平时写600字作文都困难的她居然洋洋洒洒写了2000多字。我还鼓励学生们去搜索其他人的影评，通过对比开阔自己的写作视野，提高自己的思维水平。

在自媒体时代，每个学生都是自己的代言人，每个学生都有获得别人关注的机会。影评不再是写给老师一个人看的变相作文，而是学生主动争取关注的途径。无论影评写得好不好，都不再需要老师点评，有千千万万的网友，甚至更专业的影评人代替老师评价。在这个过程中，学生可以不断反思自我、提高自我。

## （二）写书评，智慧碰撞

初二的学生既不像初一学生那么懵懂无知，也不像初三学生那么有压力，因此，初二是青春期问题高发期。初二的学生特别厌烦老师唠叨，所以，我时常"请名人"替我说话。每个月，我都会推荐一本传记，内容与课文相关。比如，学习苏轼的《记承天寺夜游》时，我会提前两周让学生开始读林语堂的《苏东坡传》。这样，上课时学生就更容易理解文章的内容，更重要的是，学生阅读了《苏东坡传》，自然会懂得苏轼的才气源于他少年时的勤奋苦读，懂得苏轼遭受种种磨难时豁达的人生观，懂得苏轼张扬的个性和无所顾忌的直言是他招来祸患的重要原因。这样我就不用再去和学生唠叨，要勤奋刻苦、直面挫折、谨言慎行。

我推荐的书涉及面广泛，我不仅会推荐文学作品，还会推荐军事、政治、经济、体育、娱乐等各个领域的图书，比如，韩国前总统朴槿惠的自传《绝望锻炼了我：朴槿惠自传》、苹果之父史蒂夫·乔布斯的传记《史蒂夫·乔布斯传》、羽毛球名将林丹自传《直到世界尽头》以及著名主持人谢娜的自传《娜写年华》。所有我想告诉学生的道理,这些名人都会用亲身经历告诉他们。

为了调动学生的积极性,满足学生渴望被人关注的心理,唤醒学生成长的内动力,每一次共读一本书后我们班都会举行"世界咖啡书会"。

为了在"世界咖啡书会"上获得关注,学生会认真阅读每一本书,认真写书评,从过去硬着头皮读书变为渴望读书。我正是利用了学生渴望被人关注的心理特点,才能让学生变被动学习为主动求知。

### (三)写时评,百家讲坛

为了丰富学生的知识、开拓学生的眼界,我们学校给每个班订阅了一份《广州日报》,很多学生拿到报纸后首先阅读娱乐版面。为了引导学生进行深度阅读,提高思辨能力,我们班在每周日的晚自修时间开展了"百家讲坛"活动。处在青春期的学生都想让别人觉得自己知识渊博,利用这一心理特点,我们为学生提供平台,让每一个学生都有展示自我的机会。

"百家讲坛"活动的流程大致是这样的:学生以寝室为小组,每周派一个小组代表就热点新闻事件发表本组的观点,每个学生每个月有一次机会。第一个环节,每个小组代表就一件时事发表自己的观点;第二个环节,学生向所有主讲人提出自己的疑问或者不一样的观点;第三个环节,全班学生投票,票数最高的主讲人获胜。虽然学生的时评难说理性、深刻、全面,但大多数是他们积极思考的结果。

"百家讲坛"活动既让每个学生都有了表现的机会,心情愉悦地了解时事热点新闻，又营造了积极的班级舆论氛围，丰富了班级娱乐生活。

**【案例1　在班里建一个"移动图书馆"】**

1. 缘由：无人问津的图书角

6至13岁是阅读关键期，影响着学生日后的读书兴趣和方向。在读书启蒙阶段，环境和氛围起着十分重要的助推作用，如何营造充满书香气的班级氛围是我一直在思考的问题。

初一上学期刚开学，我便在班级里建立了图书角。每个学生捐两本书作为班级公共图书，一共80本。我们班设立了"图书管理员"一职，图书管理员有一个专门的"图书借阅登记本"，记录谁在什么时间借书、还书。刚开始，图书管理员非常忙，每节课下课后都有排队等着借书的同学，但一个多月后借书的人渐渐少了。初二开学后，图书角的书成了摆设，极少有人问津。

我问学生为什么不看图书角的书了，小泳说："我感兴趣的书都看完了。"敏儿接着说："对啊，书都旧了，没有读的欲望了，书该更新了。"

2. 启发：伦敦地铁的"丢书"活动

某日，我看到英国伦敦地铁里的"丢书"活动，很受启发。活动发起人为了激发大家的读书欲望，把书"藏"在地铁里，还在书中附上手写的字条，让大家像玩游戏一样去寻找她的"藏"书。为了让更多人参与进来，只要一有机会，她就会把书留在地铁上。过去4年的时间里，她已经"落"在地铁上近2000本书。后来，出版社也加入这个活动，整个伦敦刮起一阵读书热潮。

3. 改变：班级的"移动图书馆"

我们班虽不能"丢书"，但可以"借书"，我们可以建一个"移动图书馆"。具体做法是这样的：每位同学把自己正在读的书或者自己很喜欢想要推荐的书挂在书桌的侧面，想看书的同学每天下课后像逛书店一样在班级的书海里淘宝，找到他喜欢的书就可以坐在该座位上看书，征得书主人的同意后就可以借走。

这样做，同学之间既可以分享好书，又可以互相交流读书心得，老师还可以了解班里的学生都在读什么书。

可别小瞧挂在书桌侧面的这些书，如果每个学生每个月换一次书，那么全班一个月就有40本书，一学期就有160本书。即使有些书是重复的，一学期也可以有100本左右新书，完全可以满足学生的阅读需求。

在班里建一座"移动图书馆"，营造读书氛围，学生将不断碰撞出智慧的火花。

## 三、积极情绪管理，让消沉变乐观

体育节是学生最喜欢的校园文化活动之一，但比赛总有输赢，比赛结束时必定是几家欢喜几家愁。输了的班级，士气可能会受到打击，班级向心力和凝聚力也可能受到影响。

如果你们班比赛输了，你会如何对学生说？如何把消极的情绪转化成乐观的情绪？下面是我在我们班广播操比赛输了之后的发言。

【案例2　输了比赛，赢了精神】

准备了很长时间的广播操比赛终于落下帷幕，我们班获得第四名。听到这个结果时，你们蔫了，拿惯了第一的你们有点儿受不了这个打击，一个个都垂下脑袋，有的人还掉下伤心的眼泪。但是说实话，我很开心。

  我开心，因为你们那么在乎班级的荣誉。如果班里的每个人都不在乎班级比赛得第几名，都觉得班级什么样和自己没关系，那么我可以很肯定地说，这个班级是没有灵魂的。但是我们不同，我们每个人都那么在乎班级荣誉，这说明你们很爱我们班，说明我们班很有凝聚力。我相信，我们班已经在你们的心里留下了深深的烙印。多年以后，你们可能会忘记今天的比赛成绩，但是你们会记得团结向上的同学们。

  我开心，因为你们都尽力了。比赛时，我们班全员到齐，没有一人请假。一直发低烧的昊昊参加了，脚扭伤的小欣参加了，腰受伤的小迪参加了，我为你们的坚持感到骄傲。比赛前几天，我们一直都坚持训练，好几次都来不及吃晚饭，但是你们没有一句怨言。小昊和小铭做操总是做不好，小鹏就耐心地教。有一天我去查寝室，发现他们寝室阳台的灯还亮着。我气势汹汹地闯进去，结果眼前的一幕让我惊呆了：小鹏正在教小铭做操。此刻，你们那么闪亮，犹如夜空中的一颗颗明星。今天你们二人的表现我看到了，很棒，这正是这么多天的努力换来的。我相信我们班的每一个同学都看到了你们的努力。

  我开心，因为你们懂事了。比赛结束后，好多同学围过来对我说："老师，对不起，你别生我们的气……"我淡淡地笑了。孩子们，你们看到了吗？这笑是满意的笑，我为你们感到自豪。你们比赛没拿到奖，心里本来很难过、很自责，还要来向老师道歉，还要来安慰我，你们太懂事了。试问，老师还能得到更好的安慰吗？我拥有的不是名次，不是成绩，而是你们发自内心的爱。我被37份爱紧紧地包裹着，暖暖的。此刻，我觉得自己是最幸福的。

我开心，因为我们昂首走在"永争第一"的路上。"永争第一"不是一句口号，而是我们发自内心的呼喊。刚上场时，我们班震耳欲聋的口号声响彻整个广场。"永争第一"重在一个"争"上，争第一是一种态度，是一个过程，而不仅仅是一个结果。我们在争第一的过程中收获了很多，我们学会了团结，学会了互助，学会了包容，学会了拼搏……这些价值远远超过第一名这个结果的分量。希望你们在未来的人生道路上，始终抱着"永争第一"的态度严格要求自己。

虽然比赛没进入前三名，但是我认为你们赢了。因为我看到了你们无人能敌的气势，看到了你们持久挺拔的坐姿，看到了你们严于律己的静默，听到了你们如雷鸣般的掌声……孩子们，加油吧，我相信你们！

比赛没进入前三名，学生的心情很沮丧，我很动情地把这段话讲给他们。他们本以为丢了第一名我会批评他们，没想到我说了这么一段真情告白，我和学生的心贴得更近了，班级也更有凝聚力了。初二时，广播操比赛前，学生主动顶着大太阳练习，最后我们拿了第一名。其实，结果并不重要，重要的是我们一直走在追求第一的路上。我们享受争取和拼搏的过程，我们在进取中团结一心、积极向上。

我把这段发言整理后贴到班级博客中，家长和学生纷纷留言。

葡萄芽（家长）：今天晚上不知怎的，我一边看一边忍不住掉下眼泪，我掉下来的是幸福和感动的泪水，因为老师和学生的认真、执着、坚持、信任。孩子们加油哦，希望在张老师的带领下我们班的37个孩子都能成为千里马！

小婷（学生）：我们虽然没有获得第一名，但是我们用自己的努力换来了第四名，在这个过程中我们很开心。加油！张老师，我们永远爱你！

小维（学生）：张老师，谢谢你陪着我们一起争第一！我们虽然没得第一，但我们尽力了，我们在精神上取得了第一名。

## 四、转变思维方式，把问题变契机

班级里发生的每一个问题，几乎都是加强班集体建设的契机，几乎都是学生自我反思和自我成长的台阶。缺乏经验的老师管理班级时难免会遇到各种问题，有可能会被家长质疑，甚至被学生欺负。遇到问题时我们不要怕，不要慌，应转变思维方式，并告诉自己"每一个问题都是契机"。在公开课上，学生"刁难"你的问题，可能是生成精彩课堂的契机；学生在全班面前公然反驳你，你幽默的回答可能是拉近师生心理距离的契机；家长在微信群里质疑你，你沉着、冷静的回复可能是赢得家长信任的契机……遇到问题时，你应在心底暗暗窃喜："又有教育叙事的案例了，又到了显示我教育智慧的时候了，又是一个成长的契机。"

【案例3 让虐心惩罚变为悦心认同】

晚自习后，陈校长告诉我刚刚在操场上看到我们班十几个男生在操场上踢瓶子。

初二真是多事之秋啊！今天我们班刚刚因为内务不合格被通报批评，这些学生又干出这等事！我真是火冒三丈，恨不得马上找到他们臭骂一顿。

回到宿舍，洗完澡，听听轻音乐，我的情绪渐渐冷静下来。他们为什么会踢瓶子呢？呀！我晚自习批评他们内务的时候不是提到踢球了吗？

我仔细回想自己当时说过的话："我们班学习成绩是不错，但内务这么糟糕却是一件不光彩的事，过几天你们足球赛再来个0：8可就出彩了！"现在想想，这话是有些刺耳。我总觉得学生会把我的话当成耳旁风，没想到他们竟记在了心里，并用实际行动去争取胜利。联想到这些，我心中的怒火熄灭了，心底有一股暖流不停地翻滚。

但学生违反规定踢瓶子肯定是要接受惩罚的。就像为了给母亲治病而抢劫的人，我们再同情他，他还是难逃法律的制裁。今天我的宽容和放纵，可能就是学生日后犯大错的祸根。

快乐的教育不代表没有惩罚，没有惩罚的教育是不完整的教育。问题的关键不是要不要惩罚，而是怎么惩罚。

第二天早读下课后，我找到班长了解事情的原委，确认无误后我把昨晚踢瓶子的11个学生叫到走廊外。

我先用同理心表达对他们的理解和肯定："昨晚踢瓶子的事我已经知道了，我理解大家想在足球赛中取得好成绩的心情。你们希望通过踢瓶子来练习脚法。你们在课余时间主动练习的精神值得表扬。"他们原本紧蹙的眉头舒展开了。

然后，我再用实例进行技术指导："但是，足球比赛只靠脚法和团队协作还是远远不够的。中国男足在和外国队比赛的时候，往往上半场还是势均力敌，下半场却败下阵来，根本原因是体力不够。你们要想在足球赛场上取胜，一定要有好的体力。下半场别的班没有体力的时候，就是你们进球的好时机。"这些大男孩儿纷纷抬起头，用惊诧的眼神望着我。

接着，我用过往的成功案例树立自己的威信："还记得拔河比赛吗？我指导你们排兵布阵并给你们做技术指导。我们的体型虽不如别人高大，但是最后我们取得了亚军的好成绩。"他们过往的记忆被我唤醒了，有两个学生率先表态："老师，我们听你的，增强体力！"

我顺势说道："第三节课下课后，你们去操场上跑三圈锻炼一下。"

就这样，我把罚跑变成了技术指导，学生心服口服，跑得酣畅淋漓。

这次违规事件是一个很好的教育契机，我利用课前两分钟时间在全班进行了正面引导。我先肯定了男生为捍卫班级荣誉付出的努力，但同时强调在这件事上有两个原则不能违背：一是规则意识，做任何事，无论初衷是什么，都不能破坏规则；二是坦荡做人，无论犯了多大的错误，都要有勇于担当的精神。

多年之后，学生可能不记得足球比赛拿了第几名，但是一定会记得跑得大汗淋漓的课间，记得规则意识和坦荡做人。我们要善于把班级问题变成教育契机，努力使其成为学生成长过程中的关键事件。

第三章

迈好开学
第一步

# 一、如何让你的班级赢在起跑线上

大学毕业后,我刚入职就被学校安排做班主任。我空有一腔热情,却不知从何做起。开学当天,签名、发资料、指路、收费……我忙得焦头烂额。家长觉得我没经验,对孩子遇到新老师感到很失望。报到结束后我回到班级,人走室空,教室的灯还亮着,门窗也开着,垃圾散落一地。晚上查寝时,我发现学生小文在哭泣,整个寝室里弥漫着想家的气氛,我却不知如何抚慰。

四年后,再带新班时,我已经有了明确的目标和清晰的规划,这让我的班级轻松赢在了起跑线上。

## (一)新学期开学初工作指南

### 1. 开学前——未雨绸缪,提前进入角色

开学初,班级工作千头万绪,新班主任很容易手忙脚乱。要想老练地、有条不紊地迎接新生,新班主任需要提前进入角色,在开学前做好充分准备。

(1)提前建立情感链接

班主任可通过校讯通群发短信介绍自己,用语要体现出自己的带班风格。我发给家长的短信是这样的:"敬爱的初一×班家长,我是您孩子的班主任×××(此处省略自我介绍、带班理念等)。未

来我们将携手见证孩子的健康成长。我的手机号码是×××，我的QQ号是×××，期待能与您多多交流。"

谨慎建立班级微信群，要不要建立微信群应根据班情决定。若经营不好，微信群就会变成家长聚众吐槽学校的地方，也会给班主任带来很多负担。很多老师会制定群规，但如何让家长遵守群规是个难题。

把学生的学籍信息手动录入电脑。这些信息录入后可以使用三年，而且录入的过程也是了解学生情况的过程。

准确叫出每个学生的名字。学生报到时，老师能叫出每个学生的名字就是给学生的一份极好的见面礼。教师要提前对照照片，叫准每个学生的名字，不确定的字一定要查字典。名字中的多音字，教师可以在报到当天询问学生准确的发音。

(2) 提前营造班级氛围

学生报到前，班主任应领取班级必需物品，包括白粉笔、彩粉笔、白板笔、黑板擦、扫帚、拖把、毛巾等。班主任还应先打扫一下班级卫生，把桌椅摆整齐。

班主任还应布置黑板，争取做到图文并茂。同时，在黑板右侧标注班主任姓名、联系方式、寄语等，左侧写明最近两天的主要日程安排。盆栽、装饰画等可以开学后根据班级建设的需要陆续采购。

(3) 提前构思班级发展规划

你打算建立什么样的班集体？在三年时间里，你要培养出什么样的人？每个阶段要达成什么样的目标？……班主任应从班级发展理念、班级发展的总目标和阶段目标、班级发展策略、班级发展的具体措施、检测和评价机制等维度，设计三年的班级发展规划。

班主任还要制定第一学期的班主任工作计划，包括每周班会课的主题、班干部队伍建设、班规的制定与实施、培优辅差措施等。

班主任还应准备好第一节班会课，最好以适应新学期生活或者促进同学间彼此沟通为主题。

## 2. 报到日——有条不紊，新生入学有指南

心理学中的首因效应是指交往双方形成的第一印象对今后的交往会产生重要影响。如果班主任与学生初次见面时能给学生留下良好的第一印象，那么学生就会愿意亲近老师，这对日后的师生关系和班级发展十分有利。

开学当天，琐事繁多，如果班主任手忙脚乱，就会给学生和家长留下"没经验"的印象。新班主任应提前在记录本上罗列各项计划，虚心向老班主任请教，并结合校情和班情把各项计划按照时间顺序排列，开心、耐心、细心地等待新生到来。

(1) 提前到位，开心迎接

大多数家长会提前到校，班主任不能让家长等太久，要争取给家长留下"热情"的好印象。

班主任着装要正式。女老师最好化淡妆且不穿无袖的衣服及超短裙等；男老师最好穿短袖衬衫和西裤，不要穿运动装、短裤、拖鞋等。

班主任与家长对话时语言要亲切有活力，举止要大方重仪态。

(2) 发放指南，耐心引导

新生入学指南是为学生适应新学校量身定做的，包括学习、住宿、生活等方面内容。班主任要在学生报到当天及时发放。班主任还应告知学生怎么打饭、洗热水澡、给饭卡充值等，并公示作息时

间表以及军训期间的日程安排表。班主任要引导学生遇到问题时应学会自己想办法解决，比如，请同伴或老师帮忙，而不是找家长哭诉和抱怨。

**(3) 班级事务，细心安排**

安排座位表。开学第一周班主任可以按照学生的身高排座位，一周后可结合班情和个体情况重新排列。安排座位是门艺术，安排得当可以使之成为班级管理的好帮手，省去家长找老师调座位的困扰。

安排值日表。开学第一周班主任可以以寝室为单位安排值日，每个寝室值日一天。军训后师生都已熟悉，班主任可以采用岗位竞标制。我们班把值日工作分为擦黑板及讲台、摆桌椅、扫地、拖地、倒垃圾、关电器等六大项目，学生竞标上岗。

### 3. 第一周——注入正能量，新班气质现雏形

开学第一周是班级风气形成的重要时期。学生会察言观色，试探班主任的底线。班主任要利用这一周的"空白期"细心观察学生，多方了解学生，物色班干部苗子，对调皮学生、内向学生等各类学生做到心中有数。

**(1) 填写调查表**

班主任可以设计一份调查表以了解学生的情况。我将我们班的调查表命名为"猛虎班之名人录"（见表3.1），调查项目包括姓名、家庭住址、爱好、特长、对班级的期待、父母职业等内容。

表 3.1 猛虎班之名人录

| 姓名 | | 性别 | | 出生日期 | |
|---|---|---|---|---|---|
| 曾担任过的职务 | | 爱好 | | 特长 | |
| 称谓 | 姓名 | 职业 | 工作单位 | 联系电话 | 可为班级提供的协助 |
| 父亲 | | | | | |
| 母亲 | | | | | |
| 家庭住址 | | | | | |
| 闪光点 | | | | | |
| 需要努力的地方 | | | | | |
| 期待我们成为怎样的班级 | | | | | |
| 军训时的期待 | | | | | |
| 三年后的我 | | | | | |
| 暑假是否参加补习 | | 补习了哪一科 | | | |
| 给自己的初中寄语 | | | | | |
| 说给张老师的心里话 | | | | | |

（2）初步制定班规

开学初，班主任可以针对卫生、纪律、学习、内务、体育等方面设置简单的班规，等问题逐渐暴露出来后，再让学生针对自己班级的情况自设班规，细化各个方面的规则。班规要有试行期，试行期过后若全体师生总体无异议，再正式实施。

(3) 初选班干部

在报名当天，班主任要细心观察学生，物色班主任助理人选。刚开学时学生彼此不熟悉，班主任助理可由班主任直接任命。待学生相互熟悉后，班主任可组织学生民主选举班干部。

班级组建之初，班主任必须在班干部心中树立"为班服务"的意识，让他们认识到自己不是同学的"领导"。我们班班干部培训的第一课是"职务无大小，共同为班级服务"，这也是班级文化的一部分。

(4) 军训需谨慎

学生参加军训前，班主任要做好准备工作。班主任应提前给每个学生准备好贴在胸前的姓名卡牌，方便教官认人、奖惩；应准备一个小医药箱，备上藿香正气水、葡萄糖、创可贴、消毒水、清凉油等；应准备一些纸巾，学生站军姿时可以给他们擦擦汗，这些都是我班学生和家长多年后仍旧印象深刻的细节。

(5) 每日勤跟进

升学初的一个月是班风形成的关键时期，通常也是一个学期中最辛苦的一个月，但这一个月的工作做好了，后续工作就会很顺利。在这一个月里，班主任要每日勤跟进，包括早读晨检报人数，大课间看做操，午休去食堂巡查，每天去寝室和学生聊聊天，晚自习时严抓纪律等。

每日勤跟进是为了更好地了解学生。例如，有些学生在班上表现得很正常，回到宿舍后却偷偷哭泣。情绪会互相传染，班主任要多关心这类学生并及时引导，帮助学生适应新生活。

## （二）开学第一课，六个破冰小游戏

在新班级中，学生彼此感到陌生。要想快人一步形成班集体的凝聚力和向心力，就要尽快拉近学生间的距离。如何拉近？最好的办法是缩短人际交往的物理距离。班主任可以组织有趣的破冰小游戏，以缩短学生人际交往的物理距离。这样做不仅可以让师生在游戏中消除彼此的陌生感，形成融洽的师生关系，还可以帮助新生尽快融入新班级。

同时，班主任要在班集体活动中观察每个学生的特点，发现领导者，为临时班干部物色人选。

下面为大家介绍六个破冰小游戏，大家可以根据课上的时间选择一到两个游戏，或者利用军训时间每天组织学生做一个小游戏。

### 1. 最强大脑记名字大赛

游戏规则如下：

①把名字和人脸对号入座，看谁记的名字最多。

②老师指定A同学，其他学生猜A同学的名字。

③奖励：得分最多的学生获得当日"最强大脑"称号，班级满足他一个小愿望。

### 2. 缘来是你

游戏规则如下：

①班主任出示图片：孙悟空、猪八戒、沙僧、唐僧、白龙马。

②学生从以上图片中选出最喜爱的人物，并模仿其外貌和动作。

③喜欢同一张图片的同学，一边模仿一边聚在一起，且不准说话。

④聚在一起的学生相互介绍自己的姓名，并说一说自己喜欢这个人物的原因。

### 3. 有缘相识

游戏规则如下：

①教师指定1到12月份的位置，生日在同一个月份的学生在指定位置集合。

②聚在一起的学生互相介绍自己的姓名、毕业小学等信息，并说出具体出生日期。

③再说说自己最喜欢的一部电影和最喜欢的一本书。

### 4. 抓住机会

游戏规则如下：

①每位学生先伸出左手手掌，放在身体左侧，掌心朝下。

②再竖起右手食指，放在身体右侧同学的左手掌心下，指尖抵住掌心。

③当听到"机会"这个词时，左手要飞快地抓住手掌下面的手指，同时右手食指要飞快地逃离，不能被右侧同学的左手抓住。

④老师读下面这段话："上初中是个交新朋友的好机会。欢欢和欣欣来自两所不同的小学，他们虽然坐在前后排，但是没有说过话。欢欢故意把笔掉在地上，欣欣趁着机会帮她捡起来，两个人愉快地聊起来。欢欢在日记里写道：'新学校，新同学，新机遇，新挑战，抓住机会，广交好友。'"

⑤最后数一数，看谁抓住的"机会"多。

### 5. 狐狸吃葡萄

游戏规则如下：

①参与者三人为一组，其中两个人举起双手搭建一个"葡萄架"，另一个人扮演"狐狸"，蹲在"葡萄架"下面。

②学生根据主持人的口令变换动作：

a."狐狸吃光葡萄"——"狐狸"调换到其他的"葡萄架"。

b."农夫摘葡萄"——搭建"葡萄架"的两个人分开，寻找新的"狐狸"，搭建新的"葡萄架"。

c."巴啦啦小魔仙"——"狐狸"可以变成"葡萄架"，"葡萄架"可以变成"狐狸"。

③主持人不断变化口令。在活动开始前安排两只吃不到葡萄的"狐狸"充当竞争角色，这样在主持人变化口令时就会有新的"狐狸"或"葡萄架"被淘汰。

④集体分享活动感悟。

注意事项：

a.活动空间要大，最好是室外。

b.吃不到葡萄的"狐狸"和没有"狐狸"的"葡萄架"被淘汰。

c.老师要关注多次被淘汰的"狐狸"和"葡萄架"，请他们表演节目或者交流被淘汰的原因及心理感受。

### 6. 漂流瓶

游戏规则如下：

①全班学生围成一个圈。

②老师说"漂流瓶"，全班学生回应"漂到哪里去"；老师说一部分同学身上有的特征或物品，比如，可以说"瓶子漂到长头发女生那里去"，等等。老师依据班里学生的实际情况决定口令内容。

③老师说完口令后，不具备这些特征的学生要站到具备这些特征的同学的旁边。比如，口令是"瓶子漂到长头发女生那里去"，那么短发的同学要马上站到长发女生的旁边。

④没有及时站过去的学生被淘汰，并给大家表演一个才艺节目。

## （三）编写军训指导手册

军训可以培养学生的团队意识、合作意识、规则意识。军训可以将学生快速凝聚起来，营造既严谨又活泼的班级氛围；同时，可以帮助学生形成良好的行为规范和精神气质。

开学第一天学生就要开始军训，为了帮学生尽快适应新环境，我编写了一份军训指导手册。此手册分为两本，一本是教师版，由学生处（教导处）印制，这是学校层面的规范化、可传承的文件资料；另一本是学生版，由学生处（教导处）提供模板，我根据自己的想法编写了班级个性化手册，并将其命名为"新生全知道"。这本手册包含报到篇、军训篇、住宿篇、就餐篇和学习篇五部分。

编写军训指导手册很有必要。第一，军训指导手册既方便了学生，又方便了老师。有些事情教师虽然说了很多遍，但学生还是记不住。他们不断地询问，教师难免会烦躁。有了"新生全知道"，绝大多数问题学生都能在手册中查到，可以极大地减轻老师的负担。第二，军训指导手册也是教师了解学生的途径。哪些学生理解能力强，哪些学生自主管理能力强，哪些学生领导能力强……通过学生与手册的"对话"，这些你都可以看在眼里，记在心上。

[《军训指导手册》示例]

1. 封面

（1）学校标志，包括校徽、校名等。

（2）班级标志，包括班徽、班名、班训和班级口号等。如果没有，就直接写班级编号。

（3）手册名称。

（4）印制日期。

（5）印制单位。

（6）标志图案。

2. 扉页

扉页上应写有班主任寄语，包括班主任的自我介绍、管理理念、对班级的期待和想对学生说的话等。

3. 正文内容

目录

（1）报到篇

学校平面图

新生报到流程图

学校作息时间表

（2）军训篇

为何要军训

军训日程安排

军训动员大会流程

拔河比赛流程及评比细则

拉歌比赛流程及评比细则

会操比赛流程及评比细则

军训注意事项

军训安全指南

军训日记（留白5页，每天一页）

（3）住宿篇

宿舍区规定

宿舍区评比细则

如何使用热水

需要准备哪些洗漱用品

不适应住宿生活怎么办

如何交到新朋友

不同场合穿什么

（4）就餐篇

饭卡的充值与挂失

食堂就餐评比细则

吃饭排队很久怎么办

（5）学习篇

初中生活和小学生活有什么不同

需要带哪些文具

初中三年阅读书目推荐（必读和选读）

在初中，你需要养成哪些好习惯

如何记笔记

## 二、让学生爱上开学季的小活动

对组建时间比较长的班级来说，开学初班主任的工作重心是激发学生新学期追求进步的热情。班主任可以借助主题班会课来激发学生的学习热情和积极性，利用开学初"一切从头开始"的氛围，把学生内在的潜能激发出来，为建立学习型班级共同体做好铺垫。

### （一）开学第一天的颁奖礼

#### 1. 起因：一张寂寞的奖状

在每学期期末的散学典礼上，我都会变着花样给学生颁发奖状、发纪念品，还组织家长给学生颁奖。为了让每个学生都能获奖，我这学期还新研制了几个奖项，除了三好学生、优秀学生干部、单科状元外，还有内务之星、热爱学习积极分子、尊敬老师好学生等诸多奖项。奖项涉及面比较广，几乎每位学生都获得了至少一张奖状，有的学生可以拿到四五张。学生像是打了一场持久战的士兵，一张张奖状就是他们胜利的旗帜。我为自己的点子窃喜。

暑假里，上初一的外甥结束了一学期的"战斗"胜利归来，迎接他的是父母烹制的美味佳肴，亲朋好友的夸赞，还有轻松惬意的暑假——奖状就像一张"免死金牌"，外甥凭着它不用补习，不被督促，沉浸在胜利后的自我满足中无法自拔。奖状寂寞地躺在书桌的一角，看着小主人打游戏、看电视、逛街、晚睡晚起、临开学前疯狂补作业……

想到我的学生可能也会遇到类似的情况，我不禁问自己：我为什么要发奖状？发奖状本是为了激励学生积极向上，但没想到期末的颁奖礼成了一学期结束时的成绩总结会，只为一个学期画上了句号，就没有了下文。

在班级管理中，我们有时可能会过于追求"创新"，仿佛只有与众不同的亮点才能博人眼球，而我们往往在追求形式的路上忽略了"创意"——活动的教育意义和助人自助的意义。把期末的颁奖仪式做得再隆重、创新的地方再多又有什么意义呢？让学生带着满满的自信心荒废假期并不是我们的目的。既然颁奖的初衷是激励学生，那么把颁奖仪式放在下学期的开学初会不会更好？这样做既可以让学生反思自己上学期的不足，又可以让学生鼓励自己再接再厉；同时，这也是一次开学初的收心教育，可以让学生快速摆脱假期的散漫状态，投入到新学期的学习中来。

### 2. 过程：一场隆重的仪式

开学第一天，按照学校惯例，上午进行完开学典礼后，下午要组织摸底考，晚修时进行收心教育。我们班则是用一场隆重的颁奖仪式来收心。

开学前一周，我开始为颁奖仪式造势。我通过校讯通给家长和科任老师发邀请函，诚挚邀请各位家长和科任老师参加开学第一天班级的颁奖仪式。有家长和科任老师参与，颁奖仪式会变得更隆重也更有仪式感，这也是家长和科任老师见证学生成长的一次难得的机会。同时，我分别在学生微信群和家长微信群中制造舆论氛围，征集颁奖仪式的方案，与学生及家长讨论颁奖仪式的形式和内容，力争使学生对新学期充满期待，并起到提前收心的效果。

被表彰者不是由班主任直接认定。学生自己填写申请表，陈述申请理由，并附上奖状和成绩证明等材料。学生填写完申请表后将其交给班委会打分，最后交给班主任评定。

奖项分为五大类：家长类、科任类、班干部类、学习类和生活类。颁奖仪式的一个重要环节是评选出一位"班级形象大使"，并制作海报张贴到公告栏。这样做意在发现榜样，传递正能量，弘扬班级正气，用先进典型带动班级发展。

颁奖仪式上，班长会总结上学期班级的情况，以表扬和激励为主。我做最后总结，对学生寄予新学期的期望。

颁奖仪式后，班级小记者会采访被表彰者及其家长，撰写新闻稿，刊登在班级报纸上。

颁奖仪式是班级生活的一部分，是新学期的重要开端。班主任要努力使颁奖仪式变得隆重、仪式化、自主化，让每个学生接受洗礼，改变假期后自由、散漫的状态。

### 3. 效果：一次让人高兴的开始

颁奖仪式后的两周里，学生的学习热情高涨，颁奖仪式带来的期待效应让学生渴望遇见更好的自己，用脚踏实地的行动证明自己。例如，得到奖励的小马同学自信心增强，为了捍卫荣誉学习更用心了；没有获奖的小泉同学在周记中写道："我真羡慕得奖的同学，我多希望自己也是领奖台上的一员。虽然我上学期没有得奖，但是我不服输，不气馁，我这学期一定会努力站在领奖台上……"

颁奖礼是我们班悦心式班级管理的重要内容之一。悦心就是让学生爱上学校，爱上班级，爱上老师，身心愉悦地学习。从开学前填报申请表时的紧张和期待，到举行颁奖仪式时的自信与快乐，再到颁奖仪式后的荣耀和自尊，在颁奖仪式的整个过程中学生是最大的受益者。颁奖仪式不应该是一学期结束时圆满的句号，而应该是开启新学期无限可能的分号。悦心不是靠形式"创新"来取悦学生，而是用"创意"让学生收获每一次活动带来的成长喜悦。

## （二）创意红包年年发

广东省有个习俗——发开门红包。老师们在开工当日会收到学校派发的红包，元气满满地迎接新学期。我也会在学期初给学生派发红包，让他们喜气洋洋地迎接新学期。

初一寒假结束后，我给每个学生包了一个现金红包，学生对老师发红包感到很意外，但收惯了大红包的学生对我这两块钱的小红包不是很感兴趣。

初二开学时，我灵机一动，改发创意红包。红包里塞的不是钱，而是小纸条，上面写着他们的心愿。红包相当于兑换券，学生拿到红包时比拿到钱还开心。

### 1. 把主动权交到学生手里

开学前，我在班级QQ群里征询学生的意见："孩子们，马上要开学了，你们想要什么礼物？把你的小小心愿说出来吧。考虑到班主任财力有限，若礼物价格太高则直接否定，不予采纳。"QQ群里一下子炸开了锅，小威说："不检查作业行吗？"小佳说："要书可以吗？"楚楚说："能不能不默写？"小婷说："张老师给我买一本物理复习资料吧，英语的也行。"学生热闹地讨论着自己的小心愿，难掩对开学的期待。

我结合学生的心愿把红包分为三类。

特权类红包，包括"优先选座位""免做值日一次""寒假作业免检""免默写""免一次语文作业"等内容。

现金类红包，比如，五人合作得奖金，"集齐'大吉大利'五张拼图卡片，得50元现金奖励""五人拼齐一张'福'字卡，换30元现金奖励"……

奖品类红包，比如，"凭此券可以领取护手霜一支""赠书一本，书目任你选（看完后，请捐到图书角）"……

心愿是学生自己写的，每个红包他们都想要争取。学生不一定能拿到自己最想要的红包，所以他们觉得这些红包比钱更珍贵。

### 2. 怎么发红包？当然是抢红包

我将红包往讲台上一摊，学生蜂拥而上。未知的神秘感，让学生对红包抱有满满的期待。

红包不是谁都可以领取的。在派发红包前，我组织学生先收作业。为了快点儿拿红包，收作业的速度比平时快很多。我让课代表迅速统计出未完成作业的学生名单，只要有一科作业未完成，就不可以抢红包。把作业全部补完后，才可以补领红包。

个别红包可能与其他红包相比略显微薄，拿到的学生会有些许失落，这正是培养学生耐挫力的好时机，教师可以借此引导学生学会调节自己的情绪。老师的拥抱算是小小的安慰，学生照旧喜笑颜开。

### 3. 为兑换券设置有效期限

我为红包中的兑换券设置了有效期限。例如，"凭此券，可以随时和班主任到食堂共进晚餐（或午餐），一个月内有效""把此条夹在作业本中，可减免语文作业一次，有效期截止到2017年3月12日"。

兑换券如何使用呢？以"免作业一次"兑换券为例，交作业时，手中有这张兑换券的学生也要交作业，但是可以不用写，直接把纸条夹在语文作业里就可以，这样可以减轻课代表统计的负担。教师收到作业后将兑换券取出，兑换券作废。

为了提高学生的团结协作能力，我特意设置了合作拼图红包。

我把"大吉大利"的拼图分开，分别塞进五个红包，学生必须集齐五块拼图组成"大吉大利"图案才可以换取 50 元，每人可分得 10 元。如果其中的一块拼图在未发出的红包里，那么其余人的现金红包就领不到，未完成作业的学生迫于同伴的压力便会尽快完成作业。

### 4. 特别的初三红包

我在初三学生的红包里塞了花种，学生拿到红包后既意外又感动。

学生迫不及待地拆开红包看自己的红包里是什么花种，之后再问旁边小伙伴的红包里是什么花种。所有学生的花种都不一样，学生不禁感叹："我是独一无二的。"就这样，学生浪漫地和一种花结下了一段情缘。

为什么发花种？

我是这样和学生说的："第一，在中考复习阶段，愿你像一颗种子，回到原始状态，孜孜不倦地汲取营养，让自己快速成长；第二，愿你在初三这段紧张、艰难的时间里，不要忘记生活的美好，永远朝着太阳生长；第三，每个人都是不同的花，看到别人开花也不要急，你有自己的生命节奏。"

学生知道我为何送他们种子，心中便多了一份虔诚。学生用圆规尖小心翼翼地在育苗纸杯底扎洞，小心谨慎地倒入每一克土壤，全神贯注地播撒每一粒种子，最后又给育苗纸杯盖上"被子"……看着他们或笨拙或流畅的动作，我竟湿了眼眶，一阵莫名的感动涌上心头。

他们此时更像是花田里的守望者，守候一个生命，守候一个希望。春天，我们播种希望；夏天，我们必将绽放。

## （三）"厨神争霸"美食汇

我们班学生有一项寒假作业——每周至少给父母做一顿饭，包括买菜、做菜、洗碗等环节。这项作业如何检测呢？经过家长、老师和学生的共同商议，我们决定在开学后举行"厨神争霸"美食汇。每个学生用保温饭盒带一个拿手菜到学校，并注明姓名、菜名及其寓意。

为了这一餐，学生苦苦练习了一个月，洗菜、切菜、做菜、调味、摆盘等都亲自动手，忙得不亦乐乎，就等这一天大显身手。学生将酱牛肉、咖喱鱼蛋、鹌鹑蛋、蛋饺、可乐鸡翅等各式各样的菜肴放到桌上，色香味俱全，让人不禁垂涎三尺。

这次"厨神争霸"赛我们邀请了许多"专业"的评委，他们就是有多年下厨经验的家长代表。

家长们一个一个菜肴仔细品尝，边品尝边交流，同时在评分表上打分。假期所有作业的总分会影响学生这学期的量化考核评分。

家长评选完毕，才轮到学生品尝美食。但是想吃饭还得靠智慧，学生需要答对课件上的题目，才有资格品尝美食。比如，"请说出带有'鸡'字的四字成语""请说出带有'花'字的诗句"……

这次厨艺大赛是学生寒假生活的反馈。每一道菜都美味可口，看来学生在假期里真是费了一番心思。

## （四）为班级写一副毛笔对联

学生有一项寒假作业是"为班级写一副毛笔对联"。学生寒假里拜师学艺，苦练书法，大展身手，写下自己对班级的美好祝愿。

为了展示学生的作品，我们组织了书法比赛。此次比赛以小组淘汰制的形式进行。每六个学生组成一个小组，班级共分为七个小组。组内学生评选出小组内最优秀的作品，这些作品参加班级决赛。每个小组依次展示组内的优秀作品，所有作品展示完毕后，由书法老师评分。

获得第三名的是小轩的作品。上联是"猛虎盘踞三春秋"，下联是"叱咤风云傲群雄"，横批"学业进步"。笔走龙蛇，潇洒自如，虽然仍旧有些稚嫩，但已能从字里行间看出书写者的风骨。

第二名是小亮的作品。上联是"碾群雄乃猛虎者"，下联是"创佳绩亦三班人"，横批"团结上进"。真是一副霸气的对联，小亮不愧是我们的班长。

第一名是小景的作品。上联是"三班争勇创佳绩"，下联是"登顶俯瞰天下人"，横批"学业进步"。笔挺如青松，出锋如利剑，挥墨间自成一派。

在此次书法比赛中胜出的三副对联，将在班级的前门、后门、黑板两侧展出，以示嘉奖。

此次参赛的对联都是学生原创的。书法老师特地表扬了几位学生：小亮巧妙地把"猛虎三班"融入了对联中；小泳用"王者荣耀"写对联，巧妙地与学生的日常娱乐活动相结合……

让学生为班级写一副毛笔对联，既是对学生寒假生活的督促与反馈，也是对学生新学期的期待与激励。一副副写着"三班""猛虎"的对联贴在教室的门上及黑板两侧，这便是无声的班级文化。

## 三、中途接手班级的管理攻略

班级更换班主任，学生会对两个班主任进行比较。学生可能会否定原来的班主任，进而否定班级制度和自己的行为。否定原来的班级往往是一种破坏性行为，我们应因势利导，扬长避短，而不是全盘否定，推翻重来。

新班主任不是来这个班级救火的，而是来让学生更上一层楼的。

大部分学生对新班主任抱有好奇、期待、观望的态度。结合学生对新班主任的期待心理，我总结出以下七个让学生爱上新班主任的妙招，以帮助学生顺利过渡，迅速适应。

### （一）七个妙招，让学生爱上新班主任

#### 1. 叫出学生的名字，迅速拉近师生间的距离

开学前，我会对照学生信息表上的照片反复记忆，直到能够熟练地把人名和人脸对应。不会念的字要查字典，叫不准的多音字可以问问学生以前的老师。第一次与学生见面时，若你能很自然地叫出他们的名字，他们会很惊讶、很惊喜，甚至佩服你的用心和能力。我们要善于利用心理学中的首因效应，给学生留下良好而又深刻的第一印象。

【案例1 叫出每个学生的名字】

开学第一天，我怀着忐忑不安的心情迎接学生归来。学生已经上初三了，他们换过三次班主任了，我是第四位"后妈"，不知道他们能否接受我、喜欢我。

我精心打扮了一番，希望给他们留下美好而难忘的第一印象。可是，当我走进班里的时候，大家都在忙着交暑假作业，乱哄哄的，也没人搭理我。他们似乎对我一点儿都不感兴趣。

我站在讲台上，扫视全班，一言不发，学生终于安静下来。"浩宇，你果然是一身浩然正气。"他的眼睛瞪得大大的，不解地看着我，仿佛在问我："你怎么认识我？"我不说话，心中得意地笑。继而又说："有恒心的课代表周恒，数学作业统计好了吗？"他抬起头惊异地与我对视，很用力地点点头。"志向高远的泓翰，可以帮我收一下作业吗？"每点到一个名字，我都会注视着学生，看着他的眼睛说话，他们无一不用诧异的眼神看着我。此时，学生看我的眼神里有惊讶、惊喜，还有期待。他们期待着我下一个能叫到自己的名字，这就证明老师认识他、了解他，这是一件多么让人开心的事啊！为了照顾到更多的学生，我不但"无意"地点课代表和班干部的名字，还故意点一些平时在班里缺乏存在感的学生的名字，"宇凰，过了一个暑假更精神啦！""欣谊的气色也不错！"……

下课后，学生纷纷围住我，"老师，你知道我叫什么吗？""老师，你怎么知道我的名字啊？""老师，你怎么可以认识那么多人啊，你没教过我们啊！"……我笑着回答每一个问题，我和学生的距离瞬间拉近了，"后妈"就这样打响了第一炮。

为了打响这第一炮我真是费了不少心思。开学前几天，我天天看着花名册背名字，背好了名字再把照片对号入座。因为很多照片是学生小升初时交的，所以我又问前任班主任要了上一年的班级大合照，一遍又一遍地反复认人，这样我终于可以在开学第一天叫出每一个人的名字。这样仍有可能认错，所以叫名字的时候有几个窍门：第一，叫你百分之百确定的人名，不确定的不要叫；第二，听学生课前谈话时的称呼，再次确认人名；第三，叫学生的名字时，他会抬起头看你,然后你再看着他;第四,你可以让学生把作业放在桌上,你收取作业时进行面批,可再次把名字和人进行匹配;第五,你可以让学生把自己的名字和座右铭贴在桌子上,上课时万一叫不出名字,你可以走到桌前扫一眼。

点名时我会根据名字的特点提炼出一个关键词,这既是对名字的解读,也是对学生的期待。只要用心,肯花时间,每个老师都可以送给学生一份难忘的见面礼。

**2. 不戴有色眼镜看人,重新定义师生关系**

新接班时,我们可以向前任班主任、科任老师了解学生的家庭背景、学习成绩、行为习惯、特长爱好等情况,对班里的情况做到心中有数,并想好引导各类学生的办法。但开学后,我们不要戴着有色眼镜看人,要装作不知道学生的底细,并明确表示:"这是一个全新的起点,老师不在乎你的过去,看中的是你接下来的表现。"

【案例2】

我们班的小超是前任班主任口中的捣蛋大王、老油条。但当我对他说"我不想听别人说你的过去,我也不在乎,我相信自己的眼睛和判断"时,他怔住了。对被贴上"坏孩子"标签的小超来说,这是个意外的见面礼。深入了解后,我知道他的家庭背景很特殊——他的父亲去世了,母亲改嫁,他寄宿在大伯家里。我分析他行为背后的心理动机,我认为这个学生缺少关爱,他需要别人发自内心地尊重他、欣赏他,需要老师像妈妈一样关注他、爱护他。

于是,我给他带水果吃,给他单独补习。当然,在他调皮的时候,我也会严厉地批评他。但我只针对他的问题本身就事论事,不会揭开他的疮疤说"你这样的家庭背景不好好学习怎么办"之类打击人的话。

他很快接纳了我，行为习惯也改善了很多。

我去参加佛山市中小学班主任专业能力大赛时，活动中有一个"才艺展示"环节。他主动请缨，成为我舞蹈团的成员之一。

毕业晚会上，他是哭得最惨的那个，他边哭边说："我知道你对我好……就你不嫌弃我。"

他刚刚考上重点大学，就第一时间向我报喜，还回学校看我。

这个别人眼里的"问题学生"有一颗柔软而善良的心，他的转变给我上了重要的一课。

### 3. 充分利用社交媒体，传递班级正能量

如果班级已经有QQ群和微信群，新班主任可以直接加入，不必重新组建。加入QQ群和微信群后，新班主任首先要用幽默、有亲和力的语言介绍自己，这样可以使学生对新班主任充满期待。新班主任应单独和班长联系，请他排好座位表，避免让爱说话的同学坐在一起。同时，新班主任应和所有班干部联系，了解班级情况。

也许前任班主任还在微信群和QQ群里，如果不另外建群，那么新班主任说话就要格外小心。家长热烈欢迎新班主任的话语对前任班主任是一种打击。

新班主任可以在家长群里多发一些自己关心学生的照片，比如，在宿舍里和学生聊天时的照片，或者班级活动时学生的笑脸。这些照片可以让家长看到你的用心和爱意，家长会更快地接受你。

### 4. 给家长写一封信，家校共同关注学生成长

新班主任可以给所有家长写一封信，在信里介绍自己的情况、带班的经验、自己的教育理念、需要家长配合的地方及学生开学前

的准备（作业、文具、图书等）。新班主任可以将信统一打印出来，让家长在信的反面写反馈交流意见，开学第一次见面会时上交。

### 5. 召开家长见面会，开启家校共育新征程

开学第一天，新班主任可以趁着家长送学生回校的机会召开家长见面会，以增进彼此的了解。新班主任可以请几位学生提前回校布置教室，在黑板上写欢迎词。见面会还可以邀请科任老师参加，请科任老师介绍自己、表达期待。新班主任要多说老师们的优势，以树立科任老师的威信。

开家长见面会时，新班主任的形象很重要。年轻老师着装不宜太活泼，裙子要过膝，不穿无袖上衣。

说话时语调和语速要把握好。语速过快会显得不沉稳，语速过慢会显得没气势。要尽量做到语调抑扬顿挫，声音亲切又有激情。

### 6. 备好第一课，学生喜欢你才会喜欢你的课

新班主任需要准备好班会课和任教科目第一课。

第一节班会课：教师自我介绍，学生互相介绍："我最欣赏_____，他（或她）有_____优点。"第二节班会课：学生指出班级存在的问题，每个人从学习、卫生、纪律、生活等方面提出一条班规，班主任现场汇总。汇总的班规试用一周，由师生共同修改完善。

班主任任教的科目更要上得精彩，一个老师能否让学生信服很大程度上取决于他的专业能力。

万玮老师曾用一题六解的方式征服了对他十分不屑的优等生。一个老师过硬的专业基本功会让学生刮目相看。把每一节课都上好，是老师的安身立命之本。

## 7.博览群书,在知识的海洋中寻找成长主题

假期里教师应多读书,充实自己,多储备各方面的知识。这样,遇到麻烦时,你也能淡然处之,不会焦头烂额。

如果你工作不到6年,建议你多读一读班级管理方面的图书,比如《从合格班主任到优秀班主任》《班主任工作思维导图》《班主任工作十讲》《做一个老练的新班主任》等。

总之,用心赢得学生的心,你以后的日子就会越过越美。

## (二)帮助重组班级拾起希望

进入初三后,我原来带的班被重组,20个学优生被分到了尖子班,20个学困生被分到我们班来。开学当天,班级座位被默契地一刀切,左三列是原来班的学生,右三列是新进班的学生。学生沉浸在低落的情绪中,他们像是被遗弃的孩子,一个个垂头丧气。有几个新来的后进生倒是表现得无所谓,他们仍旧有说有笑,有自暴自弃的势头。

重组班级的开学第一课至关重要,我要努力让学生拾起希望,扬帆起航。

为了给初三开一个好头,给新班级奠定坚实的基础,我组织学生上了一节温暖而又充满力量的班会课。

1.缘分,让我们相聚在一起

我请学生介绍一位自己熟悉的同学。

要求:①从同学身上最优秀的品质开始介绍;②介绍优秀品质时要正面赞美。

我介绍了小方同学，之后他又介绍了下一位同学，以此类推。最后被介绍的是晓泳同学，她站起来后不知道该说什么，我提示她："班里还有一个人没有被表扬。"她一下子被点醒，开始介绍班里最后一位"同学"："她是一个又高又瘦的女生，很漂亮，对我们很好……"听到前面形容外貌的词时我心花怒放，听到最后一句话时，我的眼睛湿润了。是的，最后一位"同学"是我。

2. 清零，才能注满新活力

我要给四位同学的杯子里倒上"能量"饮料，但因为他们的杯子里之前已经装满了水，所以要先把水倒掉。

我问："为什么要倒掉水？"

小平："因为我们要加饮料。"

我说："如果你杯子里的水代表你过去两年的学习生活，你觉得张老师想要告诉你们什么？"

小钰："上初三后，我们要面对新知识，寻找新方法，学会舍去，重新接受。"

小雨："要接受新事物，把自己的过去放在储藏室里。"

我总结："把过往清零，接受新的老师，学会新的学习方法，适应新的班级环境，注满新的活力。"

3. 停下，看清方向为前行

我说："欢迎来到新的大家庭。为什么叫'新（3）班'？新在组合：（3）班和（8）班的组合。新在起点：互不熟悉，重新给自己定位。新在希望：极好的老师，温暖的集体。"

4. 转角，遇见最好的自己

我说："既然是（3）班和（8）班的组合，我想向大家提出三个目标和八项期待。三个目标是我布置给大家的周末作业，那就是定下班级目标、自己一年后要实现的目标和自己这个月要实现的目标。

八项期待分别是：①团结——不要内讧，不要拉帮结派，我们是相亲相爱的一家人。②自信——成绩不能衡量一个人的全部，张老师决不会以成绩论英雄，你们每个人都有可爱的一面；张老师不会戴着有色眼镜看你，你也不要戴着有色眼镜看自己。③拼搏——让'凡事皆有可能''发现可能，超越自我'成为你的座右铭，别人越是瞧不起我，我越要证明给他看。④尊重——尊重老师，上课不插话；尊重同学，不取绰号；尊重自己，不给老师批评自己的机会。⑤守时——没有理由，没有借口。⑥守信——遵守与张老师签订的成长协议。⑦守纪——上课、作业、内务、卫生、体育，从各个方面严格要求自己。⑧自主——你们已经长大了，要对自己负责。"

5. 重新定位，赠萝卜笔写春秋

我在大屏幕上投影下面这张照片。

作者：陈海诺

我问："我想借这张图说点儿什么？谁能够猜透我的心思？"

小睿:"拔大萝卜需要大力气。"

小敏:"遇到困难时可以换一种思路,可以找人来帮忙,或者找工具。"

我在大屏幕上投影我对学生们的寄语:

"拔大萝卜需要付出大力气,努力越多收获越大。"

"萝卜太大拔不出来怎么办?可以去找工具或者寻找帮手,转变思路,不用蛮力。"

"努力深耕+方法技巧=收获。"

最后,我送给每个同学一支网购的萝卜笔。我对他们说:"在初三这一年里,你累了的时候就看看我送你的萝卜笔,告诉自己:'我在拔一个大萝卜,要用大力气。'你取得成功后,一定会感谢当时那么努力的自己。"

这节课给学生留下了深刻的印象,他们毕业后还时常向我提起那只萝卜笔。奇奇在给我的毕业留言中写道:"我本是被淘汰的差生,但是您没有看不起我,还包容我的小错误,鼓励我不断前进。您送我的萝卜笔我至今还保留着。看着它我就想到您说的话,无论遇到多大困难我都不会放弃。"

第四章

# 班级管理
## 渐自主

# 一、班干部选拔与培训课程

没人愿意做班干部，怎么办？班主任任命的班长太凶了，学生不喜欢，怎么办？民主选举的班干部不得力，怎么办？班长闹着要辞职，怎么办？班长权力过大，徇私怎么办？

造成这些问题的根源是什么？或许我们可以从班干部的选拔与培养方式中寻找答案。

## （一）班干部选拔的六种方式

### 1. 直接任命式

形式：班主任根据自己练就的"火眼金睛"物色出最适合做班干部的人选，直接任命。

优点：这种方式多适用于起始年级（一年级、初一、高一），可以让班级快速步入正轨。

缺点：班主任根据自己的经验选人，依据多是成绩好、能管人，抑或是自己的喜好，但这不一定是学生喜欢的；这为日后学生"揭竿而起"埋下隐患；这种直接任命式的选拔方式可能会造成学生不喜欢班干部、班干部干一段时间后就辞职等状况。

### 2. 伪民主式

形式：这种选拔方式和下文中的自荐—民主选举式、他荐—民主选举式很相似，不同的是老师虽打着民主的旗号，却暗中操控选举结果。比如，学生一人一票，班主任一人五票，科任老师一人四票，班主任联合科任老师一起选自己看中的人。所谓民主，只不过是走一个过场。还有一种情况是，老师虽不参与投票，但投票结果是课后老师自己"统计"出来的，不公开，不透明，结果还是班主任一人说了算。

优点：选出来的班干部很符合老师的心意。

缺点：班主任不相信学生的选择，挫伤了学生参与班级事务的积极性，降低了老师的威信。

### 3. 自荐－民主选举式

形式：学生根据岗位需求自我推荐，并在班级公开进行竞选演讲。班主任当众唱票，宣布统计结果，得票数最高者当选。

优点：这种方式能够选出最有群众基础的班干部，充分调动全班学生参与班级事务的积极性，培养学生的民主意识和参与意识。

缺点：可能会选出有群众基础但是领导能力不足的"老好人"做班干部，班主任后期的培训压力很大。

### 4. 他荐－民主选举式

形式：由全班学生推荐班干部，得票数最高者当选。

优点：中途接班的班主任可以考虑采用这种形式。尤其是初三，学生学业压力大，大多数学生不愿意做班干部，"他荐"的形式避免了无人任职的尴尬情况。学生经过长时间相处，彼此都很熟悉，选出来的班干部可谓深得人心，这可以减轻班主任后期培训的压力。

缺点：被推选的学生不一定想做班干部，如果硬要他做，效果未必好。

### 5. 人人—事事式

形式：确切地说，这不是班干部选拔方式，而是班级岗位设置机制。班主任可以秉承"人人有事做，事事有人做"的理念，设置几十个大大小小的岗位，让班上每个学生都有职务，都有事情做。

优点：覆盖面广，每个学生都能得到不同程度的锻炼，都能参与班级管理。班里的每一件事都能找到责任人。

缺点：若学生只顾自己的工作，可能对班级其他事务不够关心。若有人请假，则岗位空缺，相应事务无人问津。如果不轮换，那么学生只能锻炼一项能力；如果定期轮换，班主任又将面临班级管理不稳定的问题。

### 6. 一班两制式

形式：一个班级，两套领导班子。两套领导班子互相监督，一套领导班子"执政"一段时间。两套领导班子轮流上岗，班主任择优奖励。

优点：可以培养学生的竞争意识。

缺点：容易导致恶性竞争。

以上六种班干部选拔方式各有利弊，具体采用哪一种，还要视具体情况而定。

下面，我详细说说自荐—民主选举式的班干部选拔流程。

## （二）自荐 — 民主选举式的班干部选拔流程

### 1. 前期准备

(1) *两周留白：促了解*

为了让选举的结果更得人心，未来班级管理更省心，我们要给学生两周左右相处和了解的时间。这段时间可以设置临时班干部，也可以没有班干部。我的班级前两周没有班干部，只有几个办事员。虽然这两周班级管理很松散，但这正是我的"欲擒故纵"——在无领导的状态下，最容易看出哪些学生有自觉性，哪些学生关心班集体，哪些学生领导力强。这都为我后面的选举奠定了基础。

(2) *培养种子：攒人气*

①多方了解，物色种子。班主任可以通过多种渠道了解情况，弄清哪些学生适合做班干部。比如，看学籍档案了解学生上小学时担任班干部的情况，询问科任老师，在班级组织活动时仔细观察，等等。

什么样的学生适合做班干部？关心班级、认真负责、有群众基础就可以了，能力不强没关系，这可以由后期培训来弥补。

②多次表扬，树立威信。班主任要多次表扬你看中的班干部后备军，为他们积攒人气，提早树立威信。

③单独谈话，鼓励竞选。候选人首先自己要有竞选意愿。班主任可以私底下和他们聊聊天，谈谈做班干部对能力培养的积极作用，同时肯定他们的领导才能，鼓励他们参加竞选。必要时可指导他们写演讲稿，助他们一臂之力。

(3) *岗位设定：多样性*

常规岗位包括班长、副班长（纪律班长＋内务班长）、卫生委员、学习委员、宣传委员、文娱委员及体育委员。内务班长下设各宿舍寝室长，学习委员下设各科课代表，课代表下设各组小组长。

其他岗位包括电教平台管理员、护花使者、图书管理员、财产保卫员、窗帘保卫员、眼保健操监督员及礼服检查员等。

班主任还可以和学生讨论班里还需要什么岗位，可以让学生自己设定并申报岗位。

班主任可以把班干部的名字起得更新奇，比如市长、副市长、警察局局长、文化部部长、银行行长……但若是名字变了，"玩法"也要变。

(4) 岗位需求：合适的才是最好的

全体师生可以通过班级议事的形式，讨论班干部的任用标准，为每个岗位提炼出两个关键词。比如，班长：领导力，组织力；学习委员：爱学习，乐分享；体育委员：善运动，负责任；卫生委员：讲卫生，爱劳动；纪律委员：能自律，敢管人……

(5) 调动积极性：小职位，大未来

为什么很多班级竞选时会出现冷场的情况？为什么没人愿意做班干部？因为学生不知道做班干部的长远意义。他们只是刻板地认为，做班干部要帮老师做很多事，要浪费很多时间，还有可能得罪人……

我会这样告诉学生："我们应着眼于未来，不放过任何一个提升自己的机会。我们做班干部不是为了将来要做领导，而是为了学会以领导的视角思考和分析问题，培养大局意识、服务心态及协调能力。可以说，小小班干部，成就大未来！"

(6) 制度文化：职位无大小，所有班干部都是为班级服务

班干部不是管人治人的官吏，也不是打杂的书童，更不是给老

师通风报信的"走狗"。在我们班，班干部职位没有大小之分，所有班干部共同为班级服务。引导班干部树立大局意识和服务意识，是我建立班级制度文化时特别重视的一点。

这样的制度文化为我解决班级管理中的很多问题提供了保障。我们班的纪律班长是个乖乖女，我培训了一个月也不见成效。我和她谈话，问她一个月来做纪律班长的感受。她自己也清楚班级纪律越来越糟，但又束手无策。我试图安慰她："不是你做得不够好，而是我把你放错了位置。"我又问她："现在班里还缺一个英语课代表，你愿意做吗？"她十分开心地接受了。我问她："你会不会觉得课代表比班长职位低，在同学面前没面子？"她连忙摇头："老师，你不是说过吗？职位无大小，所有班干部共同为班级服务。"

## 2. 选拔过程

(1) 学生提交自荐表

开班会前，我会给每个参加竞选的人发一份自荐表，内容包括应聘的岗位、自我能力评估、竞选的优势等。竞选人填好表后将其上交，我初步统计候选人人数。

(2) 候选人发表竞选演讲

班会课上，候选人依次发表演讲，每人限时2分钟。我会安排计时员计时，时间一到即叫停。

(3) 全体师生民主投票

所有竞选人发表完演讲后，全体师生投票。我还会邀请家长及科任老师参加班会课，共同参与班级事务。

如果学生手写选票，专人负责收票、唱票，整个过程会花很长时间。我们班是选两位不参加竞选的学生分别负责统计和监督。投票环节也很简单，学生趴在桌子上，念到候选人的名字时，同意的举手，不同意和弃权的不用举手。统计员负责查举手者的人数，监督员复核，然后把统计结果写到黑板上。学生趴在桌子上举手投票的方式简单高效，一节课就可以选定所有班干部。

（4）公开投票结果

班主任无论以何种形式进行统计，都要做到公平、公开、公正。

## 3. 班主任总结：巧祝贺

班主任要祝贺当选的同学，你可以这样说："你深得同学们的信任和喜爱，希望你能不负众望，做同学们的楷模。"

班主任更要表扬未当选的学生，你可以这样说："你们有勇气站在讲台上竞选已经很了不起，现在你们承受着落选的压力，直面挫折，不低头、不气馁，这更了不起！你们经历每一次小挫折都是在人生的画布上添上绚丽的一笔，所以我要恭喜你们，你们又比别人多了一次人生体验。"

## 4. 考察期：一个月

一个月过后，班干部上交月度总结，全体师生投票，班主任正式任命班干部。

## 5. 任命仪式

（1）宣读誓词

全体班干部站到讲台上宣誓，我们班的班干部誓词是这样的：

我从这一刻起正式开始工作。我将以实力为根，率先垂范；以诚信为本，言出必行；以爱心为基，服务班级；以未来为导，提升自己。我将不辜负老师和同学们对我的支持与信任，努力为（3）班贡献自己的力量。请老师和同学们监督。

（2）颁发聘书

班主任向班干部颁发聘书，我们班的聘书如下：

聘　书

某某同学：

恭喜你在竞选中胜出，获得老师和同学们的一致认可。现聘任你为2017—2018学年（3）班的_____（职务），聘期一学年。希望你不负众望，以身作则，为建设团结友爱、积极向上的（3）班贡献自己的力量。

班主任：×××<br>×年×月×日

（3）就职感言

班主任请就职的班干部谈谈自己的感想，每人限时1分钟。

从誓词到聘书，每一个环节都是在强化班干部的服务意识。班干部有了为同学和班级服务的意识，就不会滥用职权、欺压同伴。

班级管理需要仪式感，让班干部在庄重的氛围下接受全班的监督，是对他们的一种鞭策。

## （三）班干部培训课程

班干部培训课程包括职责规范、人际交往、时间管理、执行力培养等主题内容。培训形式多样，有主题讲座、案例研讨、答疑解惑、经验分享、活动体验等。培训每周进行一次，具体时间视情况而定。培训时我要求班干部带笔记本和笔参加，课上记录，课后写感想。

### 1. 班干部培训课程纲要

每一届学生素质不同，需要的课程也不同。班干部培训课程分必修课和选修课，必修课由班主任来定，选修课请班干部从备选课程中挑选（3～5个）。如果时间允许，把全部课程都上一遍效果当然更好。我设计的班干部培训课程纲要具体见表4.1。

表 4.1 班干部培训课程纲要

| 序号 | 培训主题 | 培训目标 | 培训形式 |
| --- | --- | --- | --- |
| 1 | 职责：在其位，谋其政；任其职，尽其责（必修） | 培养岗位责任意识 | 主题讲座 |
| 2 | 主动：(3)班是我家，老师不在我当家（必修） | 培养主人翁精神 | 案例研讨 |
| 3 | 律己：给别人提的要求，我做到了吗？（必修） | 严于律己，树立威信 | 主题讲座 |
| 4 | 高效：不是工作多，而是效率低（选修） | 学会高效工作法，提高工作效率 | 经验分享 |
| 5 | 规划：凡事预则立，不预则废（选修） | 加强长远规划意识 | 案例研讨 |
| 6 | 执行：如何又快又好地完成老师布置的任务？（选修） | 提高执行力，保质保量完成任务 | 答疑解惑 |

续表

| 序号 | 培训主题 | 培训目标 | 培训形式 |
|---|---|---|---|
| 7 | 合作：大河有水小河满，小河无水大河干（选修） | 班干部之间互相配合，学会分工与合作 | 主题讲座 |
| 8 | 沟通：威而不猛，软硬兼施（选修） | 提高与同学沟通和协调的能力 | 经验分享 |
| 9 | 策划：班级活动我做主 | 提高策划活动的能力 | 案例研讨 |
| 10 | 礼仪：不学礼，无以立（选修） | 懂礼节，明事理 | 活动体验 |
| 11 | 组织力：如何有效组织和开展班集体活动（选修） | 学会组织和开展班级活动的方法 | 经验分享 |
| 12 | 中庸：执其两端，量取中间（选修） | 掌握量化考核的执行技巧 | 主题讲座 |

## 2. 班干部培训课例

培训主题：职责——在其位，谋其政；任其职，尽其责。

培训目标：培养班干部的岗位责任意识。

培训形式：主题讲座。

会前准备：打印量化考核表。

培训内容如下。

### （1）恭喜上任

班主任首先要对班干部当选表示祝贺。你可以这样说："你们能够当选，说明同学和老师都非常认可你们，我要恭喜你们。做班干部可以锻炼你的口头表达能力、组织管理能力、交际能力、自我约束能力、合作能力等。这些能力是你未来步入社会、参与社会竞争、成为社会栋梁所必不可少的。你们一定要珍惜这宝贵的锻炼机会。"

(2) 强调职务的重要性

班主任应向班干部强调职务的重要性。你可以这样说:"你们是同学们选举出来的,这是对你们的信任。你们不能辜负同学和老师的期望。班级的班风正不正,我们班能否创造奇迹,在很大程度上取决于你们怎么做,取决于你们是否各司其职、以身作则。"

(3) 明确工作职责

班主任要把班级量化考核表分发给各位负责人,引导他们仔细阅读上面的条款,明确各自的职责范围。

(4) 肯定能力,激发斗志

班主任要对学生的能力表示肯定,激发他们的斗志。你可以这样说:"我相信你们的能力。在我们的共同努力下,班级肯定会越来越好,你们的能力也会越来越强。"

(5) 布置会后作业

会后应安排参加培训的学生写一篇培训心得,同时上交本学期工作计划。

## (四)班干部的"私教课"

班干部培训课程是我针对全体班干部(包括课代表)设计的,只能在方法上大而全地进行指导。班级管理中必然有课程没有涵盖的内容,若班干部犯了严重错误,我就要及时给他上一节一对一的"私教课"。

【案例1 给老好人班长上一节"私教课"】

中午,在学校的微信群里,值班老师发的违纪名单里竟然有我们班学生,理由是临近午睡时间学生还在看电影。

上晚自习时,班长主动找我承认错误:"张老师,中午是我允许他们看电影的,是我有错在先,不关他们的事。"班长主动请罪,揽下了所有责任。

我们班的班长长相憨厚,看起来有点儿呆萌。一年前他竞选班长时我很担心,但是他慷慨激昂的演讲着实让我刮目相看,我连连感叹人不可貌相。最终,他以绝对优势胜出。虽然我对他还是有点儿怀疑,可是既然同学们把他选出来,我决定还是尊重大家的意愿。反正有一个月的试用期,若考察不合格我还可以换人。

他管理班级时还有很多不妥当的地方,针对他的情况我为他量身打造了一系列班长"私教课"——感恩、执行力、领导力、大局观、时间分配……一年过去了,他已经成为我的好助手。我平时工作忙,是他一手管理班级事务,从安排座位到班级卫生,从纪律到内务,他事事尽心尽力,把班级管理得井井有条。现在学生有事都找班长,不用找我了。更难得的是,他学习和工作两不耽误,这次期中考他再一次夺得年级状元,期中考试前他还参加了学校的足球赛、篮球赛、羽毛球赛等多场比赛,都取得了很不错的成绩。这样的班长确实难得,同学们对他心服口服!

很多班长都会因为帮老师做事而得罪同学,人际关系不理想。可是我们班长一年下来深得人心,初二继续连任。我从来没见到他和哪个同学红过脸,也没听哪个同学说他的坏话。他确实很会做事、做人。

我一直为他感到骄傲。但他今天来找我,想要替同学们承担责任,这让我有些犹疑。他一直以来深得人心是因为他在老师和同学之间做老好人吗?他到底"包庇"了多少违纪的同学?

我首先肯定了他勇于承担责任的魄力和勇气,这是一个好班干必备的责任意识。然后，我开始给他上为他量身打造的班长"私教课"——做一个不徇私的好官。

第一步，定性："你的担当，换个角度来看就是包庇，是藏污纳垢……"

第二步，分析利弊："你'牺牲自己'确实得了人心，但却影响了整个班级的荣誉，违反了学校的规定……"

第三步，利用期待效应对他提出要求："我希望你不仅仅是个会做事的好班长。在我心里，你是一个好苗子，因为你有一颗愿意为他人服务而又踏实肯干的心……我是以高标准来严格要求你的，我希望你成为一个正直清廉的人。"

我和班长商量后决定将这件事交给我们班的"班级法庭"，让大家裁决。

## 二、量化考核制度的制定与施行

### （一）一张量化考核表轻松搞定排座位、排值日

很多人问我："张老师，你们班是怎么排座位的？""自习课纪律差怎么办？""学生不值日怎么办？"……

有关班级管理的常规问题，我都是用一句话回答——"我们班有量化考核。"

## 1. 量化考核是什么

班规是全班同学共同遵守的班级公约，量化考核表则是把班规进行量化后的得分汇总表。比如，"在自习课上要保持安静，不可以走动或讨论问题"，这是班规。"在自习课上走动或讨论问题，扣1分"，这就是量化考核。

量化考核涵盖了班级管理中的五大主要方面：学习、纪律、卫生、体育和内务。班主任可以根据班级的具体情况增加或减少项目，但不能唯学习论。

有的班主任会用虚拟货币等方式取代分数，比如采用"信用超市""积分银行"等形式。这些创新形式很受小学生的欢迎，但本质上还是量化考核。

量化考核能够帮助学生树立良好的行为规范意识，在班级生活和家庭生活中逐渐养成良好的行为习惯。同时，它极大减轻了班主任的工作负担，班主任可以省去处理班级琐事的时间，有更多精力关注学生的心理需求和品格发展。

量化考核也有其弊端，它在激发一部分学生积极性的同时，也会打击一部分学生的自信心，所以，我一直在思考如何用量化考核的形式激发所有学生的内动力。

## 2. 量化考核细则的制定过程

如果我们在网上搜"班级量化考核"，能查到很多考核细则和考核表。图省事的老师也许就会下载下来，改一改，直接拿到班级里用。但这样做的话，量化考核就成了老师"压迫"学生的工具，学生会从心底里抗拒。不出一个月，考核表也许就失效了。

那么，如何制定量化考核细则呢？

（1）描绘美好蓝图

在班集体组建之初，班主任可以问学生："你们希望我们班是一个什么样的班级？你期待三年后自己是什么样子的？"这个环节必不可少，目的是激发学生主动制定量化考核细则的愿望。

大家会畅所欲言，当学生提到"优秀班集体"这个概念时，班主任可以自然而然地提到文明班，再水到渠成地亮出学校的文明班（流动红旗）评比细则等类似的内容。

（2）学生制定细则

班主任既要给出文明班评比细则作为参照，同时还要出示细则的模板。例如，"我在自习课上能做到保持安静，不走动，不讨论问题，不借东西，加1分"。

学生最了解自己会犯哪些错误，也清楚同伴会钻哪些空子。班主任可以请每位学生分别从学习、纪律、卫生、体育、内务五个方面制定细则，要求每个方面不能少于一条。

如果学生仍然不知从何下手，班主任可以准备一份量化考核细则的初稿给学生参考，请学生在此基础上进行修改。

（3）小组讨论细则

小组长把每个人写的细则汇总，同类合并，异质组合。

最后，全班用"世界咖啡书会"的形式进行研讨，这样可以最大限度地呈现每个人的观点。

（4）汇总成文

班主任把各小组的细则汇总成文，打印张贴在班级公告栏里。试行两周后，有遗漏处可以补充，有不当处可以修改，最终解释权归班主任。两周试用期结束后，全班学生签名后细则生效。

### 3. 量化考核细则的表述方式

（1）表述要精准

量化考核细则的表述要精准。例如，"迟到，扣3分"。什么是"迟到"？是铃声响起算迟到，还是铃声结束算迟到？如果不表述清楚，就会有漏洞，学生就会钻空子。

我们班的时钟是电子挂钟，精确到秒，学生都按班级挂钟校准手表。

（2）表述要站在学生的视角

"不要迟到，迟到扣1分"，这样的表述冷冰冰的，学生看了后会有一种束缚感和压迫感。

细则的表述要人性化，尽量站在学生的视角。

"不要迟到"，这种表述是教师对学生的硬性要求，是教师视角；"我能够做到准时到班级"，这种表述是学生对自己的期待，是学生视角。从教师视角到学生视角，变老师的硬性要求为学生的主动自觉，一个小小的改变可以更好地激发学生主动成长的内动力。

（3）表述中多点儿积极引导

班主任要仔细看看班级的量化考核表，是扣分多还是加分多。能不能把扣分项尽量变成加分项？比如，把"在自习课上走动或说话，扣1分"，变成"我在自习课上能做到保持安静，不走动，不说话，加1分"。

这个改变虽小，却可以给学生积极的心理暗示。学生会感觉自己每天都在加分，不断朝着美好前进。

### 4. 量化考核的施行

量化考核的施行分为三大部分：在校生活、周末生活和假期生活。

在校生活的量化考核主要分为学习、纪律、卫生、体育和内务五个部分。五个部分分别有人负责考核和统分。

量化考核可以概括为"每日一统分，每周一总结，每月一评选，每学期一表彰"。

（1）每日一统分

学生每日得分＝学习分＋纪律分＋卫生分＋体育分＋内务分。

五位负责人负责各自项目的考核和统分，在每天下午6点前把分数报给班长。班长结合五位负责人的单项分数算出每个人当天的总分，在下午6点半前把表格张贴在班级公告栏上。

（2）每周一总结

学生每周得分＝周一至周五每天的得分＋家长周末反馈表得分。

班主任把学生从周一到周五的分数加起来，得出本周得分。得分前20名的学生可以获得表扬信，班主任在其考核总表上粘贴小星星。表扬信要请家长签名。每周得分最高者将成为"班级之星"，班级将把他的个人简介贴在教室外面的展示牌里。

每周的分数都是独立的，不累计，这样可以给分数排在后面的学生留有进步的空间。倘若每周分数累加，分数排在后面的学生就会出现破罐子破摔的现象。

（3）每月一评选

学生每月得分＝四周分数之和。

班主任可以把分数从高到低排列，得分高的学生可以优先选座位。比如，量化考核分排第一的学生，可以第一个选座位。大家选好后，班主任再根据身高情况等进行小的调整。每次选完座位之后得分清零，重新开始计算。

每个月，排座位是学生最期待的时刻。我在黑板上画 40 个座位空格，每位同学在心仪的位置上写上自己的学号。整个选座位用时大概十分钟。我们每个月都要重新排序，学生坐在哪里主要由他的量化考核分数决定，所以学生很重视这个分数。家长也不会有意见，因为这是学生自己努力的结果。而且，一个月换一次，对学生的激励作用很大。

（4）每学期一表彰

期末的时候，我们会统计每个人得到的"小星星"数，数量前 20 的学生获得"优秀"，计入学籍表。

每学期的表彰要隆重，奖状、颁奖词、奖品都要有。

当然，原则上如此，但班主任要灵活处理。大家要从实际情况出发，不必完全复制。

## （二）家长周末反馈表，让"5+2＞7"

学生的品德形成需要一个长期的过程，而学校生活却呈现阶段性特点（分学期）。周末的两天休息时间，使学生在学校的学习生活成为断了线的珠子。如何把珠子串起来？充分利用周末的两天时间，它们就可以成为连接珠子的线。只有用线把一颗颗珠子串起来，才能做出一串美丽的项链。所以，我们班的量化考核细则不仅仅包括学校生活，还包括学生周末和假期在家中的表现。只有实现家校共育，才能使"5+2＞7"。

初一上学期，我设计了家长周末反馈表，包括作业完成情况、课外阅读情况、做家务情况、体育锻炼情况、作息时间安排等几项内容。家长周末反馈表几经改版，收到了不错的效果。

[封面]

虎爸虎妈周末反馈表

**猛虎姓名：**

**学号：**

**鞭策自己的话：**

**虎爸虎妈的话：**

[扉页]

注意事项：

1. 所有项目分数相加为总分（20分）。将按50%比例折合到量化考核中，量化考核是评选"三好学生"的重要依据。

2. 请您客观公正地做出评价，不包庇，不隐瞒。教育的效果取决于家庭和学校教育的一致性，如实反馈有利于学生良好习惯的培养，只顾眼前利益、包庇隐瞒不利于学生的长远发展。

3. 如果有其他情况，请写在备注栏里。

[正文]

表4.2 虎爸虎妈周末反馈表

| 学生姓名_____ | | 家长签名_____ |
|---|---|---|
| 评比项目 | 分数 | 备注 |
| 1. 做作业情况<br>主动自觉、认真 | 1　2　3　4 | |

续表

| 学生姓名＿＿＿＿ | | 家长签名＿＿＿＿ |
|---|---|---|
| 评比项目 | 分数 | 备注 |
| 2.锻炼情况<br>积极、阳光 | 1　2　3　4 | |
| 3.作息情况<br>不晚睡晚起 | 1　2　3　4 | |
| 4.玩电子产品情况<br>能自控、不沉迷 | -4　-3　-2　-1　0 | |
| 5.课外阅读情况<br>有计划，能静心 | 1　2　3　4 | |
| 6.做家务情况<br>刷碗、擦地、做饭等 | 1　2　3　4 | |
| 合计总分 | | |

日期：＿＿＿＿年＿＿月＿＿日

正文有22张，够用一个学期。周五学生带回家，家长打分，周日学生带回学校。周末反馈表的分数纳入量化考核中。

## （三）假期生活每日打卡，开学不用再收心

每个学期开学前，朋友圈里的老师都在转发同一类文章——收心实用指南：或是指导家长调整饮食搭配，或是指导学生改变作息适应开学时间，或是引导家长通过检查作业、给学生买文具帮助学生收心。然而，这些方式试图通过改变外在条件来敦促学生被动收心，而不是让学生自觉主动收心，效果未必理想。

如果放假前班主任对学生的假期生活进行指导，在假期中又不断跟踪，学生的心没有散过，开学前就不用收心。

## 1. 放假前的调查与布置

(1) 问卷调查，了解假期需求

假期作业是学生的一块心病。学生玩的时候不踏实，写的时候抓耳挠腮，开学前几天开始挑灯夜战。老师则抱怨学生不听话、自控力差、越来越难教……

作为假期作业的布置者，我们是否也应该反思一下自己：是不是我们的假期作业太没有吸引力？我们是不是没有考虑学生的心理需求？是不是书面作业太多，而探究、实践类的作业太少？

那么，我们在布置假期作业时需要考虑哪些因素？

①学生的能力差异。每个学生都是独立的生命个体，同一个班级的学生能力参差不齐，这是很正常的，我们在布置作业时切忌一刀切，应争取做到分层布置、有针对性地指导。

②调动学生的主动性，提高作业的趣味性和探究性。以往，我们布置假期作业时侧重让学生复习、巩固学过的知识，或者预习新课本、新知识。但简单的重复无法调动学生的积极性，作业质量也难以保证。只有提高作业的趣味性和探究性，才能调动学生的积极性。

③评价和检测方式多元化。以往，作业检测人只有老师，但老师无暇细看堆积如山的假期作业，因此假期作业达不到预期效果，也无法激发学生主动探索、求知的欲望。我们可以尝试做一些改变，比如，改变开学统一交作业的时间，改变把作业交给老师的传统，尝试多种作业提交形式。

为了了解学生和家长的假期需求，我用问卷星设计了两份调查问卷，分为学生卷和家长卷。我结合调查结果搭建了假期作业的框架。

(2) 将各小组提交的方案作为参考依据

分析完调查问卷后，我有了布置作业的初步方向。接下来，我把网络上具有示范意义的、形式多样的假期作业分享给学生。一石激起千层浪,学生们开始热烈地讨论假期作业方案。最后,学生上交假期作业方案,由寝室长汇总,每个寝室只交一份方案。

例如,一个寝室的作业方案如下。

## 寒假作业方案"大比拼"

**方案一:争做清洁小能手**

你还记得上一次帮家长做家务是什么时候吗?春节将至,每家每户都要进行一次大扫除。让我们争做清洁小能手吧!

①成立一个4~6人的清洁小组,起一个响亮的组名。

②清洁小组去亲朋好友家中做清洁。

③每次活动后,小组成员认真总结经验,每人交一份活动感想或活动经验分享。

(注:要多和家长请教哦)

**方案二:学做家乡美食**

吃货们注意了!吃货们注意了!你们大展身手的时候到了!让我们一起学做家乡美食,展现家乡文化。

①住得近的小伙伴组成美食小组,起一个响亮的组名。

②合理分配工作,包括找资料、买食材、打下手等。

③邀请家长及小伙伴品尝并且给出评价。

④活动结束后,每人交一份活动感想或活动经验分享。

**方案三:做义工,献爱心**

春节将至,让我们为身边的独居老人献爱心吧。

①在同一社区的同学组成一个小组，请家长帮忙找到做义工的渠道。

②自行准备物品。

③活动结束后，每人交一份活动感想或活动中的趣事分享。

**方案四：读好书，品人生**

"书读百遍，其义自见"，一个有意义的寒假怎么少得了读书呢?

①精读1~2本书，泛读2~3本书，必读书目是《西游记》。（记得批注哦）

②每看完一本书，就要写一篇600字以上的读后感。

③可以在豆瓣上发表自己的感想，也许会给你带来意想不到的收获。

**方案五：看出新境界**

还在为不知道寒假里看什么电影发愁吗？让我来给你推荐几部电影吧:《放牛班的春天》《阿甘正传》《肖申克的救赎》。（看电影和看书的要求一样）

**方案六：全民运动**

体育是中考科目之一。我们应每天坚持运动，这样做不仅可以保持体能，还能燃脂减肥。

①坚持每天定时晨跑。

②以班级为单位，同学之间互相监督，共同进步。

**方案七：张扬个性，发挥特长**

当你看着同寝室的同学拿着钢琴九级证书在你面前"抱怨"时，

你是否会为自己没有一技之长而感到羞愧？趁着初二学习还没有那么紧张，赶紧去学习一门手艺，让你的生活变得更加丰富多彩吧。

推荐：女生可以自学瑜伽；字不好的同学可以学书法，这对将来的考试也很有用。

**方案八：睁眼看世界**

在假期里，你可以和爸妈或朋友来一次旅行，开阔自己的视野。

推荐地点：哈尔滨（放寒假时哈尔滨正举行冰雕展，值得一去）、云南（四季如春的云南值得一游）、海南（海南是过冬的好去处）。

要求：多记录美好瞬间，旅行结束后写一篇游记，回校后分享。

各小组提交的方案就像一个探照灯，让我看到了学生真实的内心世界以及他们的渴望与潜能。但并不是每个学生的方案都可行，老师需要最后定夺。

（3）布置假期作业，明确要求细则

在期末散学典礼上，我在班里组织了"假期的 N 种形式"主题交流会，分享各小组的假期计划。各小组在听取其他人的建议后不断调整方案，最后我统一提供一些可供选择的形式，并安排好班级分享的时间和内容。

我们班初二的寒假语文作业如表 4.3 所示。

表 4.3 寒假语文作业表

| 作业内容 | 作业形式及要求 | 分值 | 检测及奖励方式 | 检测人 |
|---|---|---|---|---|
| 阅读与写作 | 1. 读《西游记》，写5篇读书笔记 | 10分 | 上交作业本 | 张老师 |
| | 2. 读《食事》，学做一道有特色的家乡美食，写一篇关于家乡美食的散文或记叙文，不少于600字 | 10分 | 择优在张老师公众号上发表 | 家长 张老师 |
| | 3. 选读：《水浒传》<br>4. 选读：报纸 | 附加 5分 | "腹有诗书气自华"，自主阅读是提升精神世界的最好方法 | 未来的自己 |
| | 5. 看一部贺岁电影，写不少于800字的影评，并将其上传到豆瓣网上 | 5分 | 上传到豆瓣网，依据网友评论和好评分数评分 | 网友 |
| 背诵 | 八年级下册全部古诗 | 15分 | 开学后默写 | 张老师 |
| 练字 | 1. 为班级写一副毛笔字春联<br>要求：红纸黑字，毛笔书写，对联内容必须是原创的，既体现班级风貌，又能表达对班级的美好祝愿 | 5分 | 一等奖2人，所写对联挂在教室前后门上；二等奖4人，所写对联轮流挂在前方黑板两侧；三等奖6人，所写对联轮流挂在后方板报两侧 | 班委 |
| | 2. 写2份春节祝福语，并拍照发到家长微信群，同时发给各科老师<br>要求：内容必须是原创的，字迹清晰、工整、美观，结尾署名 | 5分 | 拍照发到家长微信群 | 家长 科任老师 |

我们班一年的寒假德育作业如表4.4所示。

表 4.4 寒假德育作业表

| 作业内容 | 作业形式及要求 | 评分标准 | 检测和奖励方式 | 检测人 |
|---|---|---|---|---|
| 规律作息（必做） | 每日晚10点半睡觉，早7点半起床 | 每晚睡或晚起半小时扣2分（除夕夜除外） | 家长每日监督、打分 | 家长 |
| 坚持运动（必做） | 每天跑步至少一千米 | 半跑半走扣5分，不跑得0分 | 家长每日监督、打分，开学后第一天测试 | 家长 体育老师 |
| 合理使用手机和电脑等（必做） | 每天使用手机和电脑时间不得超过两小时 | 超时一小时扣5分，不玩额外加2分 | 家长每日监督、打分 | 家长 |
| 做饭、做家务（必做） | 1.为父母做好一日三餐，包括买菜、做菜、洗碗等 2.每日打扫卫生，并参与新年大扫除 | 不做饭得0分；买菜、做菜和洗碗三者少一项扣3分 | 人和菜一起合影，每日至少1张，假期至少累积15张，多一张加一分；开学后带一道自己的拿手菜来班级，参加评选 | 家长 家长代表 学生小组代表 张老师 |
| 做志愿者、参加公益活动（选做） | 不限 | 有照片和文字稿 | 家长监督、打分 | 家长 |
| 参观博物馆或科技馆等（选做） | | | | |
| 博览群书（选做） | | | | |
| 自主规划复习、预习等（选做） | | | | |

我们班专门设计了德育作业评分卡（见表4.5），请家长每日为学生的假期作业打分。

表4.5 德育作业评分卡

|  | 规律作息 | 坚持运动 | 合理使用手机和电脑等 | 做饭及做家务 | 其他（附加分） |
|---|---|---|---|---|---|
| 1月15日 | | | | | |
| 1月16日 | | | | | |
| …… | | | | | |
| 2月11日 | | | | | |
| 平均分 | | | | | |

说明：

①每一项的满分是10分。必做项不额外加分，选做项只加额外分不扣分。

②请家长每天记录，将每项的平均分作为最后得分。

③班级将依据得分高低评出一等奖5人、二等奖8人、三等奖10人及优胜奖15人。

④家长自发组织的其他活动，视具体情况加10~20分。

### 2. 假期里的跟踪与引导

（1）QQ群"直播"

2016的暑假因为有了奥运会而变得十分特别。我们班在暑期前就统一做了观赛的安排，我在班级QQ群组织学生观看赛事并讨论。

①讨论热点问题。我通过校讯通通知学生晚上在班级QQ群展开有关奥运会热点的讨论：里约热内卢为什么会在成功申报奥运会之后频出状况？你如何看待个别国家退赛和代表队搬出奥运村的现象？我组织学生讨论这些问题，意在引导学生思考现象背后的深层次原因。

②"直播"精彩赛事。不是每一场比赛大家都有时间看，为

了让大家都能感受奥运氛围，我们在举办大型赛事时轮流进行赛事"直播"，两个人一组，一个人负责报分数，一个人负责解说。林丹和李宗伟的对战颇受学生关注，"直播"时，"劈杀下网""回球下网"等专业术语频频出现。最后，林丹输了比赛。我本以为学生会懊恼，结果解说员却说："感谢超级丹和李宗伟的精彩表现，恭喜李宗伟进入了决赛，林丹的表现同样精彩。"

③探讨奥运精神。在学生们为孙杨以0.13秒的差距名列男子400米自由泳亚军而感到惋惜时，我组织学生们探讨"期望与失望"；在女子10米气手枪选手张梦雪夺得中国代表队此次奥运会首金时，我引导学生们思考"压力与心态"；在林丹李宗伟大战之后，我们一起讨论"对手与朋友"；看到41岁的丘索维金娜第七次站在奥运赛场上时，我们为她的责任与坚持感动……

(2) 教育软件打卡

2017年寒假，我们班组织学生每日在家校共育软件上打卡。班长统计学生每日做家务的情况，语文课代表统计学生每日的练字情况，体育委员统计学生每日的跑步情况。三位负责人把每天的汇总情况反馈给我，我再统一发送给各位家长。时代在进步，科技可以让我及时关注学生的情况，省去了开学后统一检查的烦恼。

(3) 公众号发布

学生参加爱心公益活动或者假期兼职都可以增加量化考核分数，如果写了心得体会，还有额外加分。我从学生的心得体会中挑选出有代表性的发到班级微信公众号上。

### 3.假期结束后的检测与反馈

每学期开学初，我们班都会利用班会课的时间让学生分享自己的寒暑假生活，我也会把自己的旅游日记、家庭生活、所见所闻和学生们分享。学生们有的阐发旅游时的感触，有的述说自己补习或看书时的收获，还有的分享自己到父母公司打工的经历。从中我看到了学生们的进步和成长。

### （四）量化考核失效了，怎么办

一位网友在公众号上给我留言："我一直尝试给予学生更多的权利，包括选择座位的权利，更换清洁任务的权利，请班主任老师亲自辅导两小时的权利，某个晚自习自由安排学习时间的权利等，并且为每一个权利附上了相应的兑换条件。然而，在实践中，我发现学生的积极性不是很高，只有部分学生比较有热情。您是如何调动学生的积极性呢？"

这个问题具有普遍性和典型性。很多量化考核制度在实行一段时间后就失效了，有的老师觉得是因为形式不够新颖，让学生失去了新鲜感，所以变着花样玩，把分数变成"班级货币"，把考核表变成"积分银行"……这样的做法形式很新颖，学生一开始会感兴趣，但时间长了，效果也不明显了。

问题到底出在哪里？我们又该如何解决呢？

初一上学期，我们班开始施行量化考核制度，分为学习、纪律、卫生等几个方面。学生根据每周的得分获得相应数量的小星星，期末我们按照学生得到的小星星个数排名，前二十名学生评分为"优秀"，二十到三十名的学生评分为"良好"，后十名学生为"合格"，特别差的学生也有可能获得"不合格"，考核成绩计入学籍档案。

制度实行之初，学生非常重视。我不禁感叹，量化考核制度真是一剂"神药"。

但好景不长，一个月后，学生的积极性明显下降，有的学生作业拿到 A+ 也不会去学习委员那里加分，值日生不认真劳动委员也不会负责任地扣分，自习课上开始出现学生窃窃私语甚至下地走动的情况。

### 1. 问"理"：反思自己，寻找症结

我不断问自己："神药"怎么失效了呢？是班干部不得力，还是考核制度本身有缺陷？我打算去问问学生。

中午，我来到寝室，很自然地和学生聊到了近期班级里的情况。我不解地问："为什么你们不像刚开学时那么在意考核制度了呢？"向来豪爽的敏儿抢先说："老师，每周就贴个星星，也太没意思了！"其他几个同学连忙点头，小泳也附和道："是呀，感觉班长贴个星星就完事了，太没有仪式感了。"接下来，她们七嘴八舌地讨论着需要一个什么样的仪式。

"仪式感"这个词触动了我，让我很受启发。心理学中有个概念叫"重要他人"，指在一个人心理和人格形成过程中对他起巨大作用甚至决定作用的人物。随着年龄的不断增长，学生的"重要他人"也在不断变化：学前阶段的重要他人是父母，小学阶段的重要他人是老师，中学阶段的重要他人是同伴。中学生虽然害怕老师批评，但更怕同伴看不起自己；同理，学生虽然很在意期末评优结果，但更看重自己在同学眼中的形象。我每周只是默默地"贴星星"，没有满足学生渴望被同伴认可和欣赏的心理需求，他们需要隆重的仪式感来表现和证明自己。

### 2. 问"策"：畅所欲言，群策群力

我该怎么做呢？什么样的仪式感才能恰到好处地激发学生的成

长内动力呢？

在接下来的几天里，我走访了每个寝室，与学生畅快地聊天，了解到他们的很多需求：学生希望班主任每周五放学时发表扬信，并盖上班级印章；每周得分最高的同学被评为"班级之星"，班级将其简历放在班级门口的水牌里，让每一个路过的同学都能看到；每个月举办一个隆重的颁奖仪式，由班长写颁奖词，由家长为获奖者颁奖；等等。

为了更准确地了解学生的需求，我还制作了一份问卷。问卷结果显示，72%的学生对每周的"贴星星"无感，93%的学生需要或非常需要每周或每个月举办颁奖仪式，还有学生提出每个学期印发班级报纸宣传优秀学生的事迹、"班级之星"在年级进行巡回演讲等。

我通过与学生的畅谈及问卷调查，集思广益，了解到学生的所思、所需。对"需"下"药"，药效才能真正发挥出来。

### 3. 问"法"：建设"四化"，失而复得

为满足学生的需要，我们不断寻找并探索可行的方法。最终，我们通过建设"四化"，让失效的"药"再一次发挥出强大的功效。

(1) 近景目标远景化

学期末的学籍档案评定属于远景目标，每周的考核结果属于近景目标。虽然每周的考核结果和期末的学籍档案评定是紧密相连的，甚至会影响中考的综合评定，但学生在学习生活中更关注眼前得失，即近景目标。我们需要不断加强学生对远景目标的认识，建立远景目标与近景目标之间的联系，使近景目标发挥更大功效。

(2) 阶段表彰隆重化

每天晚自习结束后，班长当众宣读考核分数。每周五临近放学的时候，我会安排15分钟时间为本周得分前二十名的学生发表扬信，表扬信上有班主任的签名和寄语以及班级专用印章；由上一周"班级之星"为这些同学颁发表扬信，这样既满足了被表扬学生被关注的心理需要，同时也是对上一周"班级之星"的鞭策和鼓舞。班级会为每周的"班级之星"设计一份A4纸大小的宣传小海报（上面印有学生的生活照及简介），并将其挂在教室门口的水牌里。这时常引来其他班级的学生驻足观看。

(3) 班级管理群体化

这次之所以能找到"神药"失效的原因，是因为我走到学生中间，发挥了学生的主体性作用。我倾听学生的意见，有选择地采纳。班级管理不是班主任的独角戏，老师和学生应共同努力、相互配合。在班级管理中，管束是下册，激励是上策。班主任不能代替学生，而应该想办法激励学生自己主动去争取荣誉。

(4) 常规事务创意化

在班级常规管理中，一成不变的制度很难持续吸引学生的关注，更难持久地调动学生的积极性。班主任需要根据学生不同的年龄特征和心理需要制定不同的班级管理制度，让班级常规事务在创意中不断发展。若学生对每天"抢座位"无感，我们能不能换一种形式，比如，"攒积分换座位"；若轮流值日制失去效力，我们能不能换一种机制，比如"值日招标制"；若学生对老师的苦口婆心感到不耐烦，我们能不能换一种方法，比如利用同伴效应，借"班级法庭"助人自助；若学生对薄弱学科感到厌恶，我们能不能换一种思路，比如在薄弱科目上课时放置"求关注牌"，以唤醒学生的成长内动力……

　　班级奖励措施就像一颗药，若不对准学生的需求，难免会失效。问题发生后，班主任应问"理"反思自己，问"策"集思广益，问"法"建设"四化"，三问合一，方可让药重新发挥效力。更重要的是，在班级奖励措施失效前，我们要根据学生的心理需要制定奖励措施，防患于未然，减小奖励措施失效的可能性。

第五章

# 班级活动
## 添活力

# 一、班名是这样诞生的

班级生活中除了学习，还有多姿多彩的活动。学生毕业多年后，可能不记得老师上的精品课，但却记得班级组织过的活动，那是他们关于学校的记忆里温馨的角落。

在参与时，学生的民主意识渐渐形成；在活动中，班级文化悄悄扎根在学生心中；在嬉戏中，班级凝聚力越来越强。

下面谈谈我对班名的看法以及我们班班名诞生的过程。

## （一）班名之我见

### 1. 班名与班级文化

班名是班级显性文化中的一部分。此外，班级文化还包括班徽、班旗、班歌、班服、班级口号、班级公约、班级吉祥物、班级纪念品等，它们构成了一个有机整体。

班名是班级文化的集中体现，它集中反映了班级文化的内涵。

### 2. 班名与班集体建设

学生参与班级事务的过程，既是班集体凝聚力和向心力形成的过程，也是学生对班级的归属感和认同感形成的过程，更是培养学生作为未来公民必须具备的民主意识和责任意识的过程。

3. 班名与学生发展

只有班名和班训深入学生内心，班级精神才会成为学生的行为准则，学生才会把班级荣誉看成自己的事，班集体才会朝着积极的方向发展。

## （二）班名的提出 —— 人人出方案

为什么要人人出方案？班级文化建设的主体是学生。只有被大部分师生认可的行为准则，才能被称为班级文化。

班名不一定要与众不同，不一定要求新求异，但一定要让学生认同。所以，班主任不要根据自己的喜好在开学之初就取一个自以为"有文化"的班名，而是应让学生根据自己的意愿和理解取班名。

让学生自己取班名，他们会觉得这个班级是自己的，会发自内心地认同并接受班名。

开学后的前两周是同学之间加深了解的阶段，师生逐渐对班级形成共同的愿景。

开学一周后，班主任可以布置两项作业。第一，查询马云为什么给公司取名"阿里巴巴"。第二，回家问问父母，自己的名字有什么含义，父母在其中寄予了什么期望。

完成这两项作业后，学生就知道了名字的意义：对一个公司来说，名字往往代表了它的企业文化；对一个人来说，名字往往寄托了父母对他的美好期待。此时，班主任可以自然地引导学生："班名就是我们班级文化的象征，它寄托着我们美好的期待，是神圣而庄重的。"

开学两周后，班主任可以布置作业："请描绘出你心中理想的班级，给班级取一个能够代表班级精神的名字，并解说其内涵。"

看到学生的作业时,我似乎听到了学生们的心声。

勇者(3)班,进击的(3)班,育树(3)班,飞鹰(3)班,临风(3)班,智虎(3)班,联合(3)班,战狼(3)班,啸聚(3)林,终极(3)班,彩虹(3)班,逆风(3)班,追风(3)班,千乘(3)班……

结果并不重要,学生参与和体验的过程更重要。

晓岚说:"我体会到了爸爸妈妈给我取名字时的纠结,我总觉得哪个名字都不能完整表达我对班级寄予的期望。"

晓茹说:"我多希望我取的班名可以成为最终确定的班名,因为这个班名可以永远活在同学们的记忆里。"

### (三)班名的甄选 —— 家校齐参与

班会课上,我把每个学生起的班名都打在了PPT上,并请命名者说说名字的含义。之后,全班同学进行了第一轮筛选。

经过第一轮筛选,学生筛选出五个名字:"进击的(3)班""萝卜班""冕旒(3)班""战狼(3)班""终极(3)班"。

教育的效果取决于家庭教育和学校教育的配合。家长参与班级事务既可以让家校沟通变得更顺畅,还能帮助家长加深对班级教育理念的理解和认同,同时也可以减轻班主任的工作负担。

所以,第二轮筛选我请家长进行网络投票,最后胜出的是"战狼(3)班"。

### (四)班名的确定 —— 签名后方生效

家长网络投票后,学生对投票结果再次确认。如果学生同意结果，那么班名正式诞生，学生集体签名后班名生效；如果学生不同意结果，可在五个备选班名中再选。

最终，我们班的班名确定为"战狼（3）班"。

### （五）班名的延展 —— 内涵再丰富

班名不仅仅是一个代号，它更像是一本内涵丰富的书。若想把这本书变得既丰富又厚重，我们需要确定班名的内涵。我请学生搜集与"狼"有关的故事，说一说自己心中的狼文化。师生在共同的讨论中，取其精华，去其糟粕。比如，战狼文化不等于狼文化，我们不要学习狼贪婪和残暴的特性。最后，师生共同结合班情确定班名背后的班级文化精神内核 —— 团结进取、永不放弃，从而衍生出班训、班级口号、班歌、班服、班旗等。

在平时的学习生活中，班主任应不断强化班级精神文化内涵，激励学生奋勇向前。

此外，班服、班歌、班旗、班徽、班级口号等都可以用这样的方式来确定。

## 二、班级有问题？交给"班级法庭"！

在第一章"观念转变：兵法变心法"中我提到了"班级法庭"，在这一节中，我结合具体案例说一说"班级法庭"的操作流程。

学校值班老师发现我们班有人在午休时间私用班级电脑看电影。

事后班长主动来找我承认错误，但没有说出犯错的同学。在我们班，平时违纪都是由班长处理的。这次违纪涉及班长本人，于是，我打算启用"班级法庭"，让学生来评判此事。

事发当晚，班委在黑板报上发布了班级公告，此事引起了学生的热议。一些女生是班长的支持者，她们私底下拉拢小伙伴们一起力挺班长。班长的根基之深超出我的想象。看来，"班级法庭"势在必行，我必须要整顿一下这股不正之风了。

经过几天的酝酿，"班级法庭"终于在班会课时间顺利"开庭"。

### （一）任务分工

小昕是"书记员"，负责会议记录。"审判长"是我，"人民陪审员"是政治课代表小铿，"审判员"是纪律班长小慧，"公诉人"由全体班委（除成为"被告"的班委）组成。"被告"是班长、小彤、小佳、小盈、小琳等人。"被告"方放弃辩护权，所以此次没有辩护律师。

### （二）"庭审"流程

我宣读了"法庭"注意事项。我特别强调"法律面前人人平等""做正义的（3）班人"。我全程面无表情，意在营造庄严、肃穆的氛围，学生也被这种情绪感染。

之后，"公诉人"陈述本次案件的前因后果，"被告"依次陈述事实。因为铁证如山，所以"被告"直接"认罪"。

接着，"公诉人"自由发表对此事的看法。"公诉人"小彭提起新的"诉讼"请求:"电教平台管理员小威玩忽职守,是否也应该定罪?为什么午休时间教室里的电脑还开着?得到允许了吗?"小威为自己辩护:"我以为同学们有重要的事情要做,所以班长让我打开电脑我就打开了。""公诉人"小妍说:"这件事已经上升为班级纪律问题,你们的行为影响了他人学习。"

之后,"听审群众"发表自己的看法。小叶说:"小威将电教平台的电脑密码告诉别人,导致课间和午休时有人看电影、听音乐。"晓茹较全面地分析了每个人的责任:"我认为这件事与很多人有关。首先,电脑管理员没有尽到职责,随意泄露电脑密码。其次,留下来看电影的同学也负有不可推卸的责任。最后,当时在场的同学没有及时勇敢地制止他们擅自看电影的行为,也负有一定的责任。"

"被告人"不进行辩解,接受惩罚,所以"庭审"进入"定罪"环节。

我请"公诉人"和"听审群众"讨论三分钟,为"被告人"想出惩罚措施。

最终,由"公诉人"汇总判决方案,"审判长"签字后生效。

### (三)"庭审"后的反馈

课后,我布置学生每人写一篇感想。

"被告"小彤以小见大,联想未来:"现在我们只是违反校纪,被告到'班级法庭',长大后若做事再不仔细考虑后果,那就没那么简单了……若小时候抵不住电影的诱惑,长大后我们能经受住金钱、权力、美色的诱惑吗?"

"庭审"的"漏网之鱼"欣欣在感想中主动承认了自己的错误,并详细描写了走进"法庭"时的心情:"早读下课铃声响起时,我的心就像被钢丝缠住一样，绷得紧紧的……'法庭'中严肃的气氛让我意识到问题的严重性，我希望自己以后再也不要成为'被告'了。"

听众佩佩的正义感让我很感动："初一时就发生过同学在午休时间偷看电影的情况了，那时只有两三个人偷看，后来就像细胞分裂一样，变成十几个、二十几个人。我深刻地认识到，如果一件小坏事没有人阻止，它就可能会变成大坏事……"

我组织"班级法庭"的目的不是惩罚某个人，而是给全班学生敲响警钟。学生的感想告诉我，我的目的达到了。

有老师问我："这种方式会不会给学生造成过大的心理压力？"对此我也曾有过顾虑。把学生的违纪问题公之于众，确实十分考验学生的心理承受能力，所以，只有当全班学生均能接受时我们才可以采用这种形式。此外，在开展过程中班主任要适当把握尺度，开展活动后还要跟踪留意学生的心理状态。

## 三、我们班的"百家讲坛"

### （一）缘起：寂寞的报纸

我们学校是寄宿制，为了让学生多关注新闻，学校给每个班级订了一份报纸。但学生一拿到报纸就打开娱乐版看个不停，后来各班强调要少看娱乐版新闻，这导致看报纸的学生大幅减少。为此，我想了很多办法，比如安排报纸管理员整理每天的重要新闻张贴在黑板报上，将过期的报纸裁剪收藏……这些办法都提高了报纸的利用率，但没有点燃学生主动关注重要新闻的热情，没有激发学生主动求知的欲望。后来，我们班开展了"百家讲坛"，我们班的读报氛围空前高涨。

### （二）形式：有序的争辩

我们将活动安排在每周日返校后的晚自习时间，活动大约持续一个小时，6个寝室的学生轮流发言。

①陈述：每个寝室的小组代表陈述自己关注的重要新闻，并阐述自己对这个问题的认识。

②补充：小组成员进行补充。

③争辩：其他小组成员提出自己的不同观点或者疑问。

④循环：下一个寝室循环第一到第三个环节。

⑤投票：全体师生给发言的寝室投票，得票最多者胜出。

⑥延伸：集体观看政治学科老师为学生制作的"新闻周刊"，大概20分钟。

⑦追踪：每间寝室都进行重点新闻追踪，若有相关新闻就持续报道。

### （三）意义：全能的"百家讲坛"

我们班开展的"百家讲坛"活动有下面几个意义。

第一，报纸只是物质媒介，它不会自己发挥作用，我们只有找到有效的途径才能发挥它作为媒介的积极作用。"百家讲坛"就是一种有效的途径。

第二，我们班开展"百家讲坛"活动后，此前班上过分关注娱乐新闻的现象大幅减少，学生日常谈论的话题从明星八卦转变为民生时政。慢慢地，学生思考问题更加深刻、更加全面，班级生活的品质有了飞跃。

第三，"百家讲坛"也是一种班级议事制度。在我们班，"百家讲坛""世界咖啡书会""班级达人秀"等班级活动都是采用民主议事的形式开展。在这些活动中，学生畅所欲言，表达自己真实的想法，班主任相机进行正面引导。

第四，引导学生多关注时事新闻，可以提升学生主动学习的意识，提高其关注公共生活的能力。

### （四）新闻进行时：朴槿惠成为学生关注的焦点

因为此前我们班共读了《绝望锻炼了我：朴槿惠自传》，所以在朴槿惠爆出丑闻后，学生格外关注。在丑闻爆出后的"百家讲坛"上，408、409、410寝室的代表分享的都是有关朴槿惠的新闻，但阐述的角度不同。408寝室从闺蜜干政谈到谨慎交友，409寝室谈的是家庭对朴槿惠的影响，410寝室说的是朋友与利益间的关系。

总结时，我给出了几点建议。

①阐述新闻事件时要先交代核心观点，然后再深入探讨。

②希望同学们以后在吃饭的时候多和爸爸妈妈聊天。

③建议把玩手机的时间用在看新闻上，这样既能拓宽视野，又能使自己对问题的思考更加深入。

虽然学生的部分观点还是很肤浅、很片面，主观色彩很重，但我从中看到了他们的进步。

# 四、在关键的时间节点，给学生一些仪式感

## （一）告别童年，放飞青春 ——"走进青春"班级典礼

### 1. 活动背景

六一儿童节这天，几乎每所小学都会组织丰富多彩的活动，像游园会、春游、晚会等。但在初中，儿童节往往是被忽略的节日。我们之所以重视这个节日，是因为一个学生曾在儿童节这天用渴望的眼神看着我说："张老师，我们有儿童节活动吗？"我很诧异，也很内疚，因为我带前两届学生时根本没想到要过这个节。这个女生的话点醒了我，我一定要给初一的学生过最后一个儿童节。

在学校，很多节日都成了班级聚餐的噱头：冬至吃饺子，元宵节煮汤圆……这种纯粹以吃为主的活动有没有意义？有，可以增强班集体的凝聚力和向心力，但意义并不大。如何让这些节日更有意义、有价值，是需要我们思考和探索的问题。

大多数学生将在初一迎来人生中最后一个儿童节，他们的心中既有期待也有不舍。班主任可以利用这个教育契机，给学生搭建平台，创设仪式感，让"走进青春"班级典礼成为学生告别童年、畅想青春的重要仪式，成为学生终生难忘的回忆。

### 2. 活动流程

环节一：听儿歌，吃雪糕，说说童年里那些有趣的事

儿歌是学生熟悉的旋律，雪糕是每个学生儿时的美味。此音此味，此情此景，最容易唤醒学生儿时的美好记忆。学生会说出小时

候的趣事，沉浸在童年的记忆里，回想儿时的情景。

环节二：告别童年，奏响青春畅想曲

雪糕吃完了，儿歌也唱完了，班主任可以说："我们的童年即将结束，我们不再是小孩子了，我们要郑重地向自己的童年告别。"班主任可以在现场问学生："告别童年意味着什么？"学生也许会说："告别童年，就是告别幼稚，告别任性，告别恶作剧……"班主任可以继续问学生："青春不仅是秀丽的容颜、优雅的气质、健美的身姿，更是——"学生也许会回答："青春是活力，青春是勇敢，青春是责任，青春是梦想……"

在师生互动中，班级典礼走向高潮。

环节三：给十年后的自己写一封信

班主任可以给学生布置任务：给自己写一封信，告别童年的自己，祝福未来的自己。十年后再开启这封信。

因为时间有限，这封信可以课后完善，完成后由老师保管。

与自己对话的过程也是自我教育的过程，从上一个环节的感动到这个环节的感悟，学生的情感不断升华。

环节四：集体宣读青春誓言

我们班的誓词是这样的："今天，我要以少年的名义庄严宣誓：我要更爱自己，磨炼意志！我要更爱学校，珍惜光阴！我要更爱亲朋好友，用我日渐成熟的臂膀为他们分担重量……我一定不辜负美好年华，这是我和自己的约定，也是我对青春最坚定的承诺！"

我将自己的祝福送给他们："童年远去，童心永存。"

## 3. 效果反馈

这节课后，小泉在随想里写道："我要和童年告别，和幼稚、任性告别……我要用青春的汗水去实现自己的梦想。"

阳阳在随想中写道："感谢爸爸妈妈这么多年来对我的关心和爱护，我会好好努力，不让他们操心。"

仪式结束后，学生好像在一夜之间长大了。

## （二）教师节，给科任老师一点儿有温度的惊喜

### 1. 早上，办公桌上有惊喜

（1）摆鲜花造型

如果班级经费充足，可以去花店买花；如果经费紧张，可以去校园里捡花。北方的秋天，也许校园里只剩下菊花了，那就去捡一点儿叶子回来，用叶子做手工或者摆造型。

（2）泡一杯热茶

秋天天气干燥，我们可以为老师泡一杯菊花茶。但也要尊重老师的癖好，比如，我们年级（4）班的班主任王老师只钟爱咖啡，那就给她来一杯香浓的咖啡吧。可以在教师水杯的下面放上一张字条："老师，教师节快乐！爱你的初三（3）班。"

（3）画黑板画

黑板画画好后，可以用一天。注意要将黑板画画在边缘，最好画在最上方，不要影响老师上课时板书。

## 2. 课前，屏幕上有幸福

班主任可以组织学生把班级生活的照片制成动态相册，课前循环播放；也可以做成两分钟左右的视频，课间循环播放。

## 3. 课上，教室里有欢乐

（1）齐声喊祝福

老师说"上课"时，学生齐喊："某某老师，教师节快乐！"老师说"下课"时，学生齐喊："某某老师，我们爱你！"

（2）摆个造型

班主任可以在A4大小的卡纸上打印上"教""师""节""日""快""乐"，每张纸一个字，并把当日上课老师的姓氏也打印出来。全班起立喊祝福语时，最后一排同学高高地举起卡纸。最后，全班一起摆造型，比如前进造型、花朵造型、比心造型等。

（3）唱一首歌

若觉得还是不过瘾，班主任就组织全班学生给上课老师唱首歌。

## 4. 课后，贺卡里有温度

（1）重在文字

我们让每一科的课代表写贺卡，所写的话一定是内心的真实想法。这些卡片饱含真情，自然能够温暖科任老师。

（2）画画

将卡纸剪成大大的心形，上面是全班学生的彩色指印（用水彩笔涂在手指上再印上去），或每个人写的一句话祝福。

（3）画人物肖像

给每个老师画一幅卡通版肖像。可以请会画画的家长画电子版的人物肖像，若班里经费充足也可以找专业画师。

## 5. 作业里，惊喜不断

每个人都在作业里夹一张小纸条，写一句自己想对老师说的话。

## 6. 平日里，才是关键

有了这些有温度的创意祝福，科任老师一定会幸福感倍增。在教师节这天，学生"哄"科任老师开心，当然可以使师生关系更加融洽，但学生平时的表现更为重要。

第六章

激发学生学习内动力

# 一、班上那些缺乏学习内动力的"隐性逃课者"

小白的家长在家长座谈会上向我诉苦:"张老师,我们家孩子每周末都要玩电脑、打篮球,就是不学习,你说该怎么办呢?"

小黑的家长接着说:"我家小黑倒是不玩电脑,周末也整天坐在房间里看书,但是我前后几次进入他的房间,发现书还是那一页,根本没翻过。"小黑妈妈的话惹得家长们一阵哄笑,有几个家长连连点头:"我家那个也是,所以成绩上不来。"

教室里有许多像小黑一样的"隐性逃课者",他们不像"显性逃课者"那么容易被人发现。他们上课时不说话也不睡觉,但眼神或呆滞或游离;他们虽然坐在教室里听课,思绪却已飞到九霄云外;他们看起来是在做作业,实际上已盯着笔尖发呆了几分钟;他们下课也会来问问题,但问的都是你讲过的知识点……

这些"隐性逃课者"根本不知道自己为什么学习。要想让这些学生从"他律"变为"自律",班主任需要激发学生的成长内动力。下面,我针对期末关键期和假期两个时间段谈谈我是如何激发学生成长内动力的。

## 二、期末关键期,学习添动力

每个学期末,学业任务加重,学习节奏加快,学生会被挥之不去的烦躁心情环绕,紧张感、焦虑感袭来。这时,老师也进入了倦怠期,讲了一遍又一遍,而学生仍旧错误不断。

情绪是可以改变的,关键是要找到合适的方式和方法。

### (一)这七招帮你期末"不炸毛"

学期末,很多老师处于"炸毛期",看到学生上课时一副"我很懂"的懒散样子就想发飙,改作业时更是气到吐血,个别老师甚至拍着桌子大吼:"我都讲了多少遍了,这么简单的题,还错!"

老师为这种事生这么大气是不值得的,而且如果老师带着情绪上课,往往就会忍不住再唠叨学生几句。这既浪费课堂时间,又降低了课堂效率。

如何帮助教师顺利度过这个特殊时期?下面谈谈我的做法。

#### 1. 从找问题到找优点

部分老师在生气时,会训斥学生:"你看看,这题我讲过没有?""练习册找了这么久还找不到!""错这么多也不知道订正!"……

这种指责是一种消极的心理暗示,学生会朝着坏的方向发展。比如,你对学生说:"注意这个'州'字啊,不要写成带三点水的'洲'啦。"学生可能本来没写错,但是被你一提醒就记混了,反而错误率提升。

我们不如放轻松,多给学生一点儿积极的心理暗示,从找问题到找优点，让学生在轻松、愉悦的氛围中快乐地接受影响与教育。

上语文课时，我想提醒学生保存好复习资料，便对学生说："诗韵至今还保留着去年的专题复习资料，真是用心。希望今天发的新资料期末考试之前大家能一直留着。"我想鼓励大家多利用零碎时间学习，所以表扬烨镥同学中午留下来学习，振豪同学边排队打饭边背单词。我想鼓励学生课后问问题，就表扬语阳同学下课后向老师和同学请教，及时查缺补漏。

因为看到的都是学生身上积极的一面，所以心情也会变得轻松愉悦。学生听了我的表扬也知道了努力的方向，同时学生还会有"他做好了而我没做好"的紧迫感和压力感，这会促使他朝着更好的方向发展。

## 2. 从互相拖累到互相成全

学期末，学生的学习状态紧张，强弱结对容易产生相互拖累的情况，但若将学优生、学困生分别分组，则会产生强强共生、弱弱相济的良性循环。

很多老师喜欢用学优生帮扶学困生的方式。他们认为，让学优生与学困生结成师徒，学困生可以得到有效的指导，学优生在帮助学困生的过程中也巩固了知识点。对此，我持怀疑态度。在平时的学习中，这种帮扶制度也许还能发挥一定的效果，但是到了期末，大家学习都很忙，让学优生拿出大量时间帮助学困生，是对他们的一种限制。学优生往往学习的内动力十足，学习方法得当，他们更需要与水平相当的同学强强联合，优上加优。而在强弱组合中，学困生一直处于被管制的状态，学习的积极性不能被激发出来。根据我的实践经验，我认为期末最佳的小组合作方式应该是学习成绩相近但各学科各有优劣的同学进行组合。

期末考试成绩出来后，小组内的成员可以分出胜负，班里统一组织表彰大会，并请家长为自己的孩子颁奖。举行表彰大会前，"战败方"要给"获胜方"写颁奖词，"获胜方"要给"战败方"写感谢信，这可以让每一个学生都有参与感。"战败"的敏儿给"获胜"的烨镌写了这样的颁奖词："烨镌同志，恭喜你以五分的优势打败了敏儿同志。敏儿同志虽然很不服气，但是敬佩你那股钻研的精神、沉稳的性格和谨慎的处事方式。""获胜"的烨镌给"战败"的敏儿写了这样的感谢信："感谢你那么努力，让我有危机感；感谢你那么强大，让我变得更强；感谢你的宽容和善良，让我的心也变得柔软。"通过这样的方式，家长们便可以知道，虽然自己的孩子"战败"了，但他曾努力过。所以，在我们班的表彰大会上，每个家长都会很开心地拥抱自己的孩子。

### 3. 从机械记忆到方法指导

班主任可以组织各科学优生将复习方法制成思维导图，汇总后张贴于公告栏，学生下课时可以一边放松地聊天一边复习、记忆。比起老师们的老生常谈，学生更想知道同伴是怎么学习的。学优生介绍的通俗易懂的学习方法，远胜过老师的三令五申。

### 4. 从倒计时提醒到自制激励

班主任可以安排值日班长每天在黑板右上角写上倒计时"距期末考试还有××天"，再附加一句学生自创的激发学习积极性的励志语。比如，我们班慧慧说："每天进步一点儿，才能靠近自己心中的目标。"铭轩的激励语简单干脆："不努力，不成功！"学生写的励志语比老师说的话更容易打动学生。

距离中考还有40天时，我们班学号是40的同学开始写倒计时和激励语，以此类推，距离中考还有1天时是学号为1号的同学写激励语。"三模"之后，学号为27号的同学在黑板上写道："不要因为一时的失利而停下你前进的脚步。"这句话给很多考试失利的同学送去了慰藉。小婷在毕业留言本上写道："我每天早上来到班级后的第一件事就是看黑板上同学们写的激励语，同学们的话伴我走过了初中的最后一程。同学们的激励语，让中考时光变得充满温情。"

### 5. 从放任自主到勤巡陪伴

陶行知曾说过，要想学生好学，必须先生好学。我们要求学生期末时努力，自己也要勤奋好学，和学生并肩作战。期末这段时间比平时更累，但我仍坚持早读和自习时多到班里看看，中午、晚上多去寝室走一走、聊一聊，搜集学生身上的闪光点，第二天及时表扬。学生会越夸越上进，班级氛围也会进入良性循环。"懒老师教出勤学生"，在平时的班级管理中这句话也许是对的，但学期末学生学业压力大，他们更需要老师的默默陪伴。"你不是一个人在奋斗"是师生间最美的情话。

### 6. 从时时紧盯到榜样带动

每个班级里都有几个"定海神针"，无论周围环境多么嘈杂，他们都能静心学习。班主任可以在期末时分别与这几个人谈话，在给予肯定的同时提出期望。有了老师的重视，他们往往会更加上进，进而带动更多同学静心学习。中等生是每个班级里最大的群体，但也是最容易被忽视的群体，因为他们既不像学优生那么优秀，也不像学困生有那么多问题行为。班主任要多与中等生进行个别谈话，鼓励他们成为班级里的定海神针，提高他们的学习自觉性。定海神针越多，班风就会越好。

### 7. 从关注作业成绩到注重提升学习效率的指导

要提升"学力",首先要抓好"两率"。一是作业的准确率。作业不仅要做完,更要做好、做对。教师期末复习时布置作业大多是为了让学生巩固旧知识,学生做作业就是复习。万不可本末倒置,对作业敷衍了事。二是效率。包括上课效率和自习效率。复习不能总指望课后,课上效率更重要。我们班平时会把班级的正面(偶尔是反面)素材,拍成照片或视频,让学生关注并略加讨论,以促进学生自我反思。

班主任要实现从关注作业成绩到注重提升学习效率的指导的转变,不断提升学生的"学力"。

## (二)习惯养成法,周末加把劲

"上学时,我担心自己一个人的成绩;上班后,我要担心一群人的成绩。"这句话让很多老师产生共鸣。我们口中说着要放轻松,但嘴上的大泡、夜里的失眠、周末的不安却出卖了我们。

对班主任来说,期末考试前的周末是一场劫难,周末两天时间可以轻松地劫走老师在校五天让学生复习的内容。如果可以,我们真希望不放假。

我们应如何迎接这场劫难?如何利用周末两天时间激发学生主动学习的积极性,帮助学生打个漂亮的翻身仗?如何激发学生周末主动学习的热情,培养其自觉学习的习惯?

### 1. 周五放学前,班主任讲话提要求

周五放学前,待学生安静后,我会言简意赅地强调周末复习的重要性:"下周二要进行期末考试了,这个周末我们注定不能放松。

聪明的你们一定知道该怎么做。月考的惨痛经历，我们不能忘！在校时，学业任务繁重，能保质保量完成作业的同学都不多，大多数同学都是急急忙忙赶作业，哪还有时间复习！所以，周末就是拉开差距的最佳时机。如果将一天的时间分为上午、下午、晚上三个时间段的话，那么周末就有六大块时间，足够我们充分复习每一个学科。平时听课'消化不良'的同学，正好可以利用周末巩固知识点；平时'吃不饱'的学霸们，也可以利用周末让自己提升一个层次。"

学生毕业后仍记得我激励他们的语录："充实过周末，欢喜迎新年。""复习无捷径，就看谁拼命。""最好的状态是'我还有一点不会。'最糟糕的状态是'我全会了'和'我啥也不会'。"

学生在放学前吃了这副镇静剂，回家后就不会放开了玩耍。这番话为学生周末学习做好了预热。

## 2. 实行自主复习计划促强化

我利用家长周末反馈表及时跟踪学生周末在家的学习情况。个别自律性较差的学生，我会亲自打电话或者发短信跟家长了解情况。

此外，针对元旦三天假期，我设计了"元旦自主学习计划表"（见表6.1），大部分同学能够有效利用假期时间，主动自觉地学习。为尊重学生的个体差异性，这张表在复习的时间和内容上没有做统一规定。

表6.1　元旦自主学习计划表

| 姓名： | | | |
|---|---|---|---|
| 勉励自己的话： | | | |
| 计划复习日期+时间 | 计划复习科目+内容 | 完成效果 | 家长签名 |
| | | | |
| | | | |

如果班主任觉得学生需要进一步细化复习要点，可以分别按照考点、需要复习的内容、需要达到的标准等几项内容列出期末复习清单。我们班从初一开始就利用思维导图进行考前复习，所以现在不需要我再详细列出清单，学生自己可以画出复习清单，实现自主学习。

### 3.家校合力检查督促做保障

放假前，我告知家长考前的时间安排及需要配合完成的工作。

(1) 控制学生使用手机及电脑的时间

学生做作业或者复习的时候，手机和电脑应上交给家长。自觉的学生可以将其放到客厅，无须家长监督。

学生在完成一个时段的复习后，可以拿回手机或电脑，玩一会儿后再上交，进入下一个时段的复习。

(2) 协助完成复习计划

考前的周末，家长最好不要带孩子出去游玩或者喝茶会友等。家长平时可以多陪孩子玩玩，增进亲子间的感情。期末考试之前，家长应尽量给孩子提供一个安静的学习环境。

(3) 如实反馈学习计划完成情况

我会请家长如实反馈学生是否在计划的时间内完成学习内容，检查作业后在作业清单上签名。对极其不自律的学生，我会单独和家长联系，请他们监督学生周末复习，比如听写字词及听孩子背古诗等。

### （三）评语书签，带给学生好心情

一次偶然的机会，我在朋友圈看到一个我教过的学生的家长晒学生现任班主任老师的评语："全班44个人，每个人都收到了班主任的一封亲笔信，每个人内容都不一样。班主任平时要花多少时间和心思才能这么了解学生？这么用心的老师，真该点赞再点赞。"

陆陆续续又有几个他们班的学生在晒他们收到的信："超有心的班主任！我们太感动了！以后我们都会好好的，不会辜负你的！"

我开始反思：能让家长和学生主动晒出来的评语必然是写到学生的心里了，而我过去写的评语问题就很明显了。我告诫自己要注意克服以下几点。

#### 1. 避免千篇一律、语言刻板的评语

"热爱劳动""团结同学""尊敬师长"……这样千篇一律的评语，学生并不喜欢。虽然我遵从了激励性、指导性、多样性的评价原则，但没能用学生喜欢的语言敲开他们的心门。

#### 2. 少用形式复杂、效果不大的评语

自评、互评、师评……如果仅仅是增加了几种形式，内容还是老样子，那么学生无非是多看了几个套话而已。上文提及的班主任虽然只用了一种形式——书信对话，但信中所写的是他和学生之间发生的故事，温暖而感人。能够走进学生心灵的评语，学生才会反反复复地看，评语才会真正起到激励作用。

#### 3. 不用没温度、少灵性的软件评语

我曾用过一款软件，输入关键词可以自动生成对学生的评语，

但这样冷冰冰的评语，学生感受不到老师的温度。与班主任亲笔写的长信相比，这样的评语确实令人羞愧。

评语不一定有深度，但一定要有温度；不一定有新意，但一定要让人感受到心意；不一定是长篇大论，但一定要有一句话能在学生的心里住很久。

我告诉自己："我要努力写出让学生珍藏的评语。"

我要求自己："每个学期的评语形式都要不一样，所以我曾用颇费脑筋的藏头诗写评语，用温暖感人的故事写评语，用私人订制的名言写评语……"

初三上学期期末，我打算用"鸡汤"给学生熬一锅热乎乎的评语（见表6.2）。评语可以是对学生过去的总结，也可以是对他的期待；可以是评价，也可以是寄语。

表6.2 初三期末评语

| 学号 | 典型特征 | 寄语 |
| --- | --- | --- |
| 1 | 慢热 | 愿你不辜负自己的青春和梦想 |
| 2 | 帅哥 | 好看的皮囊千篇一律，有趣的灵魂万里挑一 |
| 3 | 情绪管理能力差 | 能控制好自己情绪的人，比拿下一座城池的将军更伟大 |
| 4 | 暴脾气，容易得罪人 | 语言这把刀子一旦插进人心，即使伤口愈合也会留疤 |
| 5 | 迷茫 | 有了长远的目标才不会因为暂时的挫折而沮丧 |
| …… | …… | …… |

如果这些评语只是躺在学籍手册或者成长手册里，它就只发挥了一小部分功效。如何更好地发挥评语的功效，甚至让其成为学生鞭策自己的座右铭呢？我把这些评语做成纸质版书签，正面是相同

的——我们班的大合照，背面则不同——属于每个学生自己的评语，落款都是"爱你们的张老师"。我希望学生每天一翻开书就能想到自己的梦想和老师的期望。

散学典礼上，我把书签送给他们作为新年礼物。我告诉自己："每年我都要用不同的形式给学生写评语，写到他们的心里去，写到他们的记忆里去。"

## 三、假期助学全攻略，从被动收心到自觉用心

### （一）寒假，想说"你好"不容易

为了有效地"管理"学生，我曾在放假前反复叮咛学生利用好假期时间，甚至吓唬学生"如果不完成作业，开学后就罚抄"；我曾建议家长给学生适当报补习班，但有的学生却在补习班上抄作业，结果既浪费时间又浪费钱……

这些传统做法不仅技术方法上有问题，教育理念上更有问题：我考虑问题时没有站在育人的角度，没有把学生看成一个完整的人，没有尊重学生的个性。

初三的寒假是学生缩小差距的好机会。让学生持续地保持学习热情，是这个假期中最紧要的事。

如何让学生在没有老师和家长的监督下自觉主动地学习？如何把事后消极被动的收心变成积极主动的用心？

以下是我的一些思考和做法。这些做法能激发学生的成长欲望和

主动参与意识，让他们学会时间管理和做规划，进而从他律走到自律。

## （二）《寒假加油站》，让假期变得充实又高效

### 1. 假期前的准备

《寒假加油站》是我为学生编写的自我修炼手册，共78页，47000字。我希望它能每天陪伴在学生身边，为他们加油打气。

《寒假加油站》包括封面、卷首语、目录、四次大考个人成绩单、名校推荐、推荐阅读、每日修炼表格系列、寒假总结等内容。

①封面。封面上有文字和配图，文字是"寒假加油站——30天自我修炼手册"，配图是一个攥紧的、充满力量感的拳头。

②卷首语。卷首语是我给学生的寄语，主题是"用心浇灌，终会绽放"。我围绕主动、专注、坚持、平和四个关键词写了四个班级里的小故事。发生在身边的小事，更能打动学生。寄语的最后一段为："寒假里，如果你能忘记期末考试的得与失，以平和的心态翻开寒假崭新的一页；如果你有无须他人提醒的主动性，有不被杂事分心的专注，全身心投入到学习中，并能够坚持30天，那么开学时，你将是最快进入状态的人，下一个奇迹必定属于你！"

③名校推荐。我精选了15所名校，每两天推荐一所。每一篇"名校推荐"都包括学校照片、学校简介、这所学校近三年的中考录取分数线，以及我所带前几届已经考上该名校的学生对这所名校的印象和对学生们的鼓励。

④推荐阅读。我精选了15篇文章，每两天推荐一篇。这些文章是我从图书、杂志、网络热文中挑选的，既有让人热血沸腾的励志文，也有教学生学习之道的技术文。

我根据每天的主题词排列文章的顺序。比如，2月15日是除夕，

我推荐的是一篇搞笑文章《人为啥要多读书》，祝学生新年快乐；2月17日是正月初二，学生大多与亲朋好友相聚，我推荐的是《手机使用清单》，教学生使用手机的礼仪，不让手机影响学生与他人的关系；2月23日，马上要开学了，我推荐的是一篇调整作息的文章，引导学生尽快适应开学后的学习节奏。

⑤每日修炼表格系列。这部分内容包括一个主题、一句班主任寄语、一个作业进度表和一个每日修炼表。

我结合学生可能出现的状态确定主题，寄语与每日主题相呼应，比如，放假第一天的主题是"调整"，我的寄语是："时间就像一张网，你撒在哪里，你的收获就在哪里。"第二天的主题是"规划"，我的寄语是："一个人如果什么目标都没有，就会浑浑噩噩混日子，对未来的期待能给我们带来能量。"

这些寄语有的是名人名言，有的是我的原创。我私下里问过很多学生哪些话能够引起他们的共鸣。我把他们喜欢同时又能激励自我的话放入其中。

作业进度表包括科目、今日完成内容、今日反思及家长签名等内容。

每日修炼表中的具体内容如表6.3所示。

### 表6.3 每日修炼表

| 项目 | 要求 | 检测人签名 | 分数（满分10分） |
| --- | --- | --- | --- |
| 认真做作业 | 不做"仪式性学习者" | | |
| 课外阅读 | 言情小说、玄幻小说、网络小说除外 | | |
| 每日练字 | 每日一页，练完后拍照，每日打卡 | | |

续表

| 项目 | 要求 | 检测人签名 | 分数（满分10分） |
|---|---|---|---|
| 买菜＋做饭＋洗碗 | 三者缺一不可，边做边拍照，每日打卡 | | |
| 计时跑步（大于1000米） | 用跑步APP计时，截图，每日打卡 | | |
| 合理使用电脑和手机 | 若每天大于2小时，酌情扣分 | | |
| 起床时间 | 如实记录： | | |
| 睡觉时间 | 如实记录： | | |
| 分数汇总 | | | |

## 2. 假期生活记录仪

假期里，我们班的学生每天都在家校共育软件上打卡。班长统计学生每日做家务的情况，语文课代表统计学生每日的练字情况，体育委员统计学生每日跑步的情况。三位负责人把每天的情况汇总后反馈给我，之后我再发送给各位家长。一些项目个别同学未完成，相关负责人会单独联系了解原因。家长也可以随时在软件里给我留言，我们一起为孩子的坚持而努力。

打卡情况是公开、透明的，每位家长和学生都能看得到，还能在打卡的图片下面留言互动。有一天，小语妈妈打卡小语的跑步情况，细心的小茵妈妈留言道："五点就起床跑步，太厉害了！"

这样一来，学生感觉自己不是一个人在努力，而是所有同学、家长和老师一起在奋斗。每天早上六点多，班级讨论组里陆陆续续就会出现这样的声音："准备下楼买菜！""准备下楼跑步！"……学生讨论的不再是手游，而是温馨的生活和律动的生命。

假期里，烟火味、墨水味、汗水味交织在一起，师生共同见证自律和成长的乐趣。

如果班主任等到开学时再检查作业，发现学生没做完作业再惩罚或让其补做，不仅效率低，而且浪费了假期里的宝贵时间。假期里的及时跟踪和反馈十分重要，班主任只需利用一点儿闲暇时间，便可省去开学后检查作业和帮学生收心的烦恼。

### 3.假期后的反馈

开学后，我把学生的《寒假加油站》收上来。每一本都写得满满的，每一天都有家长端正的签名。

在小冯的寒假总结上，我看到他妈妈写给我的一段话："张老师，你想的这些方法太妙了。小冯一直说'加油站'里的一句话：'唯有坚定的意志能使人无论身处何种境地都能立于不败之地。'他每天除了看一下新闻，打一局游戏外，其他时间里根本不碰手机。最让我开心的是，他用行动影响了弟弟，弟弟每天早晨跟着哥哥去跑步，白天还跟着哥哥学习，我成了最大的受益者。"

第七章

# 个体教育
## 看成长

有些教师和家长在教育学生时，以问题为导向，不寻出问题的根源，不把问题斩草除根誓不罢休。在这个过程中，他们常常只关注问题而忽略了学生的成长和发展，有时还会导致学生患上"师源性心理障碍""亲源性心理障碍"。

老师和家长应走出"盯问题"的误区，走上"看成长"的正途。

# 一、怎样对待班中"哇啦哇啦"的学生

## （一）"哇啦哇啦"的女孩儿什么样

这类女孩儿不仅成绩好，而且领导能力往往也很强，是老师的得力帮手。同时，她们因为各方面条件比较优秀，所以时常会对同学指手画脚，经常在不经意间伤害同学的自尊心，影响自己与同学之间的关系。她们自我感觉良好，往往不知道自己的言辞对他人造成的伤害。

我们班的小兔就是这样的学生。她为人爽朗，说话直接，声音很洪亮。她时常对同学指手画脚，给人一种颐指气使的感觉。

小兔的小学老师很喜欢她，因为她上课积极发言，课后又能帮老师做事。我对她有隐隐的担忧：说话这样直白的学生到了社会上会不会得罪很多人？这样强势的女生婚姻会不会幸福？作为她的老师，我要为她的终生幸福着想，帮助她完善人格。班主任要关注每个孩子的人格健全，这既是职责所在，也是班主任的育人情怀。

### （二）"哇啦哇啦"女孩儿变形目标

第一，加强关注别人的感受的意识。不给别人添麻烦，与人为善。

第二，提高顾及别人感受的能力。

第三，掌握管理和表达情绪的方式。在适当的时候对适当的人进行适当的情绪表达。（她有表达的习惯，但没有恰当的情绪管理方式。）

第四，通过助人自助的方法提高人格自我完善的意识和能力。

### （三）五种方法帮助"哇啦哇啦"女孩儿变形

一个人的性格不是简单的批评、指责就可以改变的。小兔并没有故意伤害同学的动机。她的表现不是道德品行问题，而是心理行为问题。她的小学老师强化了她的这种行为。所以，我用下面几种方法来帮助她进行自我认识、自我反思及自我完善。

**1. 美文共情感悟法**

晚自习后，她又在办公室里叽里呱啦说个没完，她聒噪的声音打扰了还在加班的老师。我把她叫过来，说："小兔，来，我给你看一个好东西。"

我拉了把椅子，请她坐下，然后把我的手机递给她："看看这篇文章。"屏幕上是我为她收藏已久的文章——《别让你的音量暴露了你的修养》《没有人会为你的直白买单》。这样自我感觉良好、口才极佳的学生，你说一句她有十句等着你，她觉得你说的话她都懂，所以我尝试"请美文替我说话"。

她坐在椅子上专注地看着，我"专心"改作业，偶尔偷瞄她几眼。

### 2. 积极心理暗示引导法

几分钟后，她把手机还给了我。

"有什么想说的吗？"我问她。

小兔知道了我的用意，她说："我现在觉得自己好蠢，平时太张扬，有时候又很自负，没有顾及别人的感受。"她不时咬一下自己的嘴唇，眼睛也红了。

"以前为什么自我感觉这么好？"我继续问。

"我妈妈和舅妈都是这样讲话的，她们没觉得这样做有什么问题。小学老师很宠我，还鼓励我这样管我们班同学。"家长的忽视和小学老师的纵容使她觉得大声说话挺好的。

"那么，过去你有没有对同学说过什么伤人的话？"我提醒她。

"我都不记得了。"她的这个回答在我的意料之内，她并没有意识到自己语言的攻击性。

我继续启发她，提供了几个情境，比如，迅速回答老师提出的问题，不小心剥夺了其他人思考的机会；为了帮老师组织班集体活动，对同学提出严苛的要求……我拿出班级的花名册，引导她反思自己可能给别人带来的伤害。

慢慢地，她想起来几件事：她总是嘲笑好朋友小佳长得黑；她在同学小A面前炫耀妈妈给自己过生日，而小A的妈妈因为太忙而没给小A过生日，小A听了她的话后伤心地哭了；她嘲笑婷婷脚臭，做作业慢，数学不好。

### 3. "自己人效应"接纳法

同样一个观点,如果是自己喜欢的人说的,人们接受起来就比较快和容易;如果是自己讨厌的人说的,人们就可能本能地加以抵制。这就是"自己人效应"。

我对小兔说:"我和你一样,也是性格直爽的人,也会在无意间伤害别人。我今天找你谈话不是想批评你,而是想把我走错的路、说错的话告诉你。我希望你长大后不要像我一样在不知不觉中得罪人,不要像我一样给自己'树敌'……"我说的这段话,正是运用了"自己人效应"。学生喜欢什么样的老师?和自己性格相似的老师!因为喜欢,所以接纳。

### 4. 情境还原法

我问小兔:"刚才你说的那三件事,如果再给你一次机会,你会怎么做?"

她一一说出了自己的想法,我针对每一种想法进行了相应的指导。

我问她:"你打算怎么弥补自己的过失?"

她很诚恳地说:"我要让自己沉下来,用实际行动改变同学们对我的看法。"

我们一起商量了很多弥补的措施,包括写信给婷婷同学道歉,亲手给小佳同学做美食等。

### 5. 心理闹铃自我提醒法

最后,我给小兔提了一个建议——在课桌上贴上对自己的警示语,在口袋里装上警示卡。小兔要改掉这些坏习惯,需要有人经常提醒她。但同学们往往不懂怎么善意提醒别人,也不一定能随时随地关注她的言行，所以我采用了"心理闹铃自我提醒法"，让这些警示语不断地提醒她。比如，"我的音量大了吗？""我的表达方式能得到大家的认同吗？""我的行为给别人添麻烦了吗？"

总之，我从教她降低在公众场合说话时的音量这样的小事做起，从教她看到别人的优点做起，从引导她改变说话的习惯做起。

## 二、怎样面对"灰色"女孩儿

我们暂且叫她小灰吧。

她的妈妈曾声泪俱下地控诉，小灰在家里不和自己交流，和弟弟斤斤计较，经常因为学习的事与自己闹翻。

我试探着与小灰谈话，但她总是拒人于千里之外。她曾板着脸，冷冷地对我说："老师，你找我干吗？"她说"干吗"时的语气可以瞬间冰冻我预先组织好的话，让我什么也说不出来。我几次试图走进她的内心，均以失败告终。

我以为她只是排斥老师和家长，后来在与其他学生的闲聊中得知，她也不爱和室友一起闲聊，还经常抱怨班级里的问题。

她是一个"灰色"的女孩儿，看不到多彩的阳光。

### （一）等待教育的契机

几次主动出击，我都铩羽而归，再不敢轻举妄动。我耐心等待着。

一天，她来找我说饭卡被盗刷的事。了解了事件的详情后，我和她一起分析，帮她排忧解难，她渐渐消除了对我的心理防备。

### （二）了解她眼中的世界

见她慢慢打开了话匣子，我便主动出击："我感觉你和初一刚来时不太一样，你能感觉到吗？"

她点了点头。

"你能评价一下现在的自己吗？"

我好像说到了她的痛处，她仰起头，努力不让眼泪落下来。我静静等待着，她终于开口了："我感觉自己敏感、多疑，很容易烦躁，很容易后悔……初一时我很自信，以为自己的成绩不错，但我在连续几次考试中都考得不好，还一次比一次差，成绩不断下降，数学已经开始听不懂了……我的学习效率很低，别人都做完作业了，我还没做完……下课后我也不想说话，就想赶作业，所以和同学的交流越来越少……"

"我能感觉到你的压力，你为什么会变成这样呢？"

"我爸妈特别喜欢拿我和别人比较，这给我带来很大压力。现在，我不想和他们交流了，他们只知道说我哪里不好，听后我的心情会变得更糟糕……我本想和妈妈说班里一些负面的事情，又怕她和别的家长说，便索性不说了。"说着说着，她的泪水止不住地流下来。

我和她妈妈见过许多次，她妈妈很年轻、很有活力，正常来说这样的妈妈会和孩子像朋友一样相处，但小灰的妈妈曾向我透露："小灰小时候，我们忙生意，没有时间管她，对她关心不够。现在生意好了，想多关心她了，她又不理我。"小灰一直有被忽视的感觉，尤其是弟弟出生以后，她和父母几乎没有多少交流。她对妈妈的误解越来越深，就连看妈妈的眼神也是灰色的。

我继续追问小灰："你说的班里负面的事情是什么呢？"

小灰开始絮絮叨叨地说起班里的种种琐事，听得我一头雾水："你说的是我们班吗？"

她看自己、看家人、看同伴的眼神都是灰色的，她感受不到这个世界的温暖和爱。

## （三）打开心灵的密码

我把水杯里的水喝了一半，然后问她："你看到的是什么？只剩半杯水了，对吗？"

她点头。

"我看到的是'还有半杯水呢'，而且我肚子里还有半杯呢！"我说。

她有些惊奇地看着我。

我继续说："我们看到的是同一杯水，但心情却不同，造成这种差异的是我们的心态。心理学中有个'情绪ABC'理论。A是事件本身，B是你对A的看法和评价，C是你的情绪。你的情绪不佳并非因为事件本身，而是因为你对事件本身的看法过于悲观。

"例如，两个学生在校园里走，迎面碰到他们的班主任，但对方没有与他们打招呼，径直走过去了。对此，一个学生是这样想的：'老师可能正在想别的事情，没有注意到我们。'而另一个学生却可能有不同的想法：'因为我成绩不好，所以老师不喜欢我，她就是故意不理我。'

"两种不同的想法会导致两种不同的情绪和行为反应。前者可能觉得这件事无所谓，该学习时静心学习；而后者可能因此忧心忡忡，以致无法冷静下来学习。在合理情绪疗法中，前者被称为合理的信念，而后者则被称为不合理的信念。若人们坚持某些不合理的信念，长期处于不良的情绪状态之中，情绪障碍就会产生。"

听上去很专业的解读让这个桀骜不驯的女孩儿开始信服我。

## （四）播撒阳光的种子

想要小灰的世界充满阳光，我首先要为她的世界播撒阳光的种子。

"你觉得自己敏感多疑、效率低下、烦躁易怒。"我看着她的眼睛，用坚定的语气告诉她："我眼中的小灰，工作认真负责，无论多么困难的工作，都能尽力做好；我眼中的小灰，学习努力勤奋，无论多晚都要留下来补作业，而不是得过且过；我眼中的小灰，全面发展，在元旦晚会上做英语主持人，在合唱比赛中做主唱……"

我从没有对她这样"表白"过，她也从来不知道自己有这么棒——她的眼泪倾泻而出。

"在我眼中，你的爸妈也并不像你说的那么不近人情。我记得你妈妈为了给你选做主持人的礼服，整整一个下午都在奔走，晚会那天还来给你化妆、拍照……她经常和我沟通亲子沟通的技巧，我送给家长们的那本书，你妈妈是看得最认真的，她在很努力地学习做妈妈……"

小灰本来已经泪流满面，此刻更是感动得不停抽泣。

"在我眼中，我们班也不像你说的那么糟糕，同学们热情、团结、好学……可能我了解得不如你全面，但是我希望你在看到阴影的同时也明白，有阳光的地方才会有阴影。"

### （五）遇到最好的自己

最后，我和小灰约定，她随身带一个小本子，随时记录自己生活中充满正能量的事，每天至少记一条。

第二天晚上我去找她时，她写了好几条。

…………

一年过去了，她的笑容比从前多了很多。她时常在黑板上写几句鼓励大家学习的话，我还经常看到她和小伙伴愉快聊天的身影。

## 三、怎样处理"盗刷"饭卡事件

晚自习开始前，我正埋头工作，突然身后有一个女声传来："张老师，你有时间吗？我想和你说点儿事。"小灰表情严肃，语气中略带几分委屈。他们小事都找班长，来找我一定是发生了大事。我暗自高兴："又有教育的契机了。"

"我的饭卡被人盗刷了。"说罢，她把嘴巴噘了起来。

这"偷盗"的罪名可不能轻易扣下去，我请她坐下慢慢说。

### （一）了解事情的经过

小灰说，第六节体育课下课时（约16:15）她将饭卡放在桌子上，然后去机房上信息课（16:25至17:05），17:30回教室拿饭卡去吃饭。她发现卡上少了45块钱，于是去调取刷卡记录，发现在 17:09 至 17:11 被刷卡四次，共计 45.5 元，刷卡地点是学校的小卖部。

我反复查看她手上的刷卡记录打印单。按照小灰的说法，这一定是班级里的同学"作案"。她说，前几天有两位男生在晚餐时偷偷刷了小刘的饭卡，后来小刘知道了这件事，但她没有告诉老师，此事便不了了之。

### （二）耐心倾听学生的想法

"你对这件事有什么看法？"我接着问她。

小灰条理清晰，分析得头头是道。她首先说"嫌疑人"："我怀疑是多人作案，因为卡被盗刷了四次；当然也可能是一人多次作案。"接着说"受害人"："可能还有其他人被盗刷了卡，但是他们还蒙在鼓里。"最后说"动机"："可能是我与有些同学之间结了怨，他们故意这样报复我；也可能是有人有侥幸心理，以为偷偷刷完卡再还回去别人不会知道。"

"那么，你是如何看待这个问题的呢？"我想听听她的看法。

"我认为这不能算借，未经过别人的允许拿别人的东西就是偷。这是人品问题。"她越说越激动。

### （三）顺势引导

"我能理解你卡被他人盗刷的气愤心情，你很想找到那个人，更想找回钱，对吗？"我试图走进她的内心。

她用力地点了一下头。

"我有一个办法，可以帮你找回钱，你想听听吗？"我故意吊起她的胃口。

她抬起头用期待的眼神看着我。

"我们不能对外声称卡被'偷'了,这样'小偷'就不敢出来了。或许他只是着急吃饭但又忘记了带饭卡,看到你放在桌子上的饭卡便顺手拿走了。看你这样生气,他也不敢告诉你。"她不出声,算是认同了。

我继续说:"我们要给他还钱的机会,所以我回到班里说这件事的时候不会定性为'盗刷',而是说有人'借用'了你的卡。给他个主动改过的机会,可以吗?"小灰点头表示同意。

"如果他放弃了主动改过的机会,班级里有监控,我一定能找到他。我会让他把钱还给我,我再转交给你,但是希望你不要问我这个人是谁。我们要给犯错的人留一点儿尊严。你也不要对外说起这件事,我们班级是一个大家庭……"我的话感染了她,她显然没有刚来找我时那么气愤了。

## (四)班级"亮剑"

回到班级,我首先帮"作案"的学生减轻心理负担,给他主动认错的机会。我故作轻松地说:"小灰的饭卡被人刷了,是不是谁着急吃饭拿去用了,然后忘记还了?"

然后,我再"亮剑",让"作案"的学生知道不承认错误的后果,"班级里有监控,但是我觉得这是个误会,我们应该不用走到这一步。我们(3)班的学生都是有正义感、有良知的好孩子,谁也不会给自己的人生留下'偷盗'的污点"。

最后,我对学生寄予厚望:"我相信我们班的每一位同学,也请大家相信与自己朝夕相处的同伴。我相信这位同学这么做一定事出有因，希望他今天能主动找到我解释此事。"

## （五）静待花开

时间一分一秒地过去，一节课，两节课，三节课……我静静地等着，没有人来找我。我仔细翻找我的办公桌和抽屉，没有发现纸条。我真的要去调监控了："孩子，你错过了主动承认错误的机会。"

这时，小歪来找我了。

我借着办公室里的灯光，看到她泛红的脸。她两手插兜，脚不停地在地上蹭来蹭去。她终于开口了："老师，是我刷了小灰的卡。"

我故作平静地询问她事情的来龙去脉。她在上第六节体育课时拿错了卡（学生上体育课时会把衣服脱掉，饭卡放在衣服里），当时没有发现。吃完晚饭，她去小卖部买了一箱牛奶，回班级后才发现拿错了卡，马上放到了小灰的桌子上。见小灰那么着急，又一口咬定是别人盗刷的，她不敢承认，想要蒙混过去，直到老师介入才意识到问题的严重性。

她一边说一边哭，从最初的无声流泪到最后止不住地抽泣。

我问她："你打算怎么办？"

"我要把钱还给小灰。"她回答。

"你敢于承认错误的勇气很值得肯定，可是，你不怕别人不相信你、误解你，说你是故意盗刷别人的卡吗？"

"那也没办法，我做错了啊！"她突然情绪失控，大哭起来。

她哭得我的心都碎了，我一把把她搂在怀里，轻轻地拍着她的后背："没事儿，有我呢！这件事只有你和我知道，我会为你保密的。"

"那小灰的钱怎么办？"这个单纯的孩子一直在想着弥补自己的错误。

"你把钱给我,我替你还给她。她不会知道是谁拿的,我和她说好了,这件事要保密。"她听了我的话之后,如释重负地大哭了起来,我什么也没说,就一直抱着她,直到她慢慢平复了情绪。

我曾做过班主任能力大赛的评委。讨论一起偷盗事件时,老师们有的建议找同桌等调查"嫌疑人";有的在班里强调事情的重要性,打算把嫌疑人吓出来;有的打算针对这件事开一节"诚信"主题班会课;还有的打算找家长合力解决……一时间花样百出。我听得很揪心,很希望老师们只是陷入了能力大赛的思维定式里,而不会真的这样警察捉小偷似的处理。

我带第一届学生时也有一个学生偷了别人的财物,在监控里看到他的身影时,我真的难以置信。后来,我悄无声息地处理了这件事,他的同伴不知道,他的家人不知道,但他清楚地知道自己错了。他至今仍十分感激我替他保密,给他改过自新的机会。

偷盗他人财物不同于打架、抽烟、早恋,它有可能会成为抹不去的人生污点。保护学生的自尊,原谅他一时的糊涂,教育他改过自新,远比找到"真凶"、澄清事情的真相更重要。

小歪是不是故意盗刷并不重要,重要的是她通过这件事学会了面对错误,学会了承担责任。

这件事给我的触动很大,我很庆幸自己没有在听到小灰汇报时就把这件事定性为偷盗,我庆幸自己没有在班级里大肆批评、指责当事人,我庆幸自己在小歪最孤独无助的时候本能地给了她一个温暖的拥抱。

# 四、学生坠入"爱河",班主任如何引导

小明和小红坠入"爱河"了。其实,我早已发现端倪:近几次选座位时,两个人每次都会选择一前一后的座位;下课时,他俩总是聚在一起探讨问题;晚自习后,他俩常一起逛操场……

上课时,我提到与爱情相关的话题时,大家都会看他俩,一脸诡异的笑容,还不时有人起哄。大家都知道了,我若再视而不见或是不作为,势必会影响班风。

下课后,我找到班长了解情况。

"小明和小红的事,你都知道吧?"我开门见山地问。

"嗯!"

"你怎么不早点儿告诉我?"我质问他。

"他们俩的成绩不仅没下降,还进步了,所以我就没告诉你。我想再观察一段时间,如果成绩下降了我就会告诉你。"听了他的回答,我竟然无言以对。在他看来,老师和家长反对早恋仅仅是因为担心成绩下降,如果成绩不下降,他们就可以正大光明地交往。

不可否认,家长和老师反对早恋是有这个因素的,但被学生直接指出来,我还是觉得很尴尬。事实上,我们担心的不是早恋本身,而是早恋可能带来的后果,包括因交往过密而引发的身体和心理上的伤害以及班风问题等。

关于早恋,我见过三个很典型的案例。

【案例1 每天找对方一个缺点】

一位知名班主任在讲座中提到这样一个案例。她发现班里的两位同学热恋后,就和这个男生谈话,让这个男生每天找出与他谈恋爱的

女生的一个缺点，然后报告给老师。一周过去了，这个男生找到了这个女生很多缺点，然后主动对老师说："我不喜欢她了，我发现她没有当初那么好了。"于是，这个老师成功拆散了他们，并将其作为典型案例推广。我听后不免有些担心：倘若这个男生习惯了找伴侣身上的缺点，那么他将来谈婚论嫁时还能找到心爱的女孩儿吗？我担心他失去爱的能力。

【案例2　他配不上你】

很多老师都会用类似的论调教育学生："我觉得你很优秀，某某同学配不上你，你值得拥有更好的"；"你把自己修炼得更好，你就会遇见更好的"。然而，中学生的爱恋不等同于婚姻，他们不会功利地想到是否匹配的问题，他们喜欢对方大多仅仅是因为欣赏。

【案例3　让漂亮女生坐在旁边】

有些老师会在热恋中的男生旁边安排一个漂亮的女生，在热恋中的女生旁边安排一个优秀的男生，希望热恋中的情侣会因猜忌而分开。但万一你催生出两对情侣，该怎么办？

我们把早恋视若洪水猛兽，打着"为你好"的大旗，用尽各种方法围追堵截，以拆散为终极目的。在情感教育的主题班会课上，我们灌输给学生"花开应有时"的理念。

对早恋，我不提倡，也不反对。我也是从那个年纪走过来的，我体会过情窦初开时的悸动。

然而，男女生若交往过密，很有可能影响班风。我不需要告诉学生到底要不要去爱，我需要告诉他们怎么爱以及如何把握交往的尺度。

学生早恋背后可能存在不同的心理需求，我们需要具体问题具体分析。

小红从小缺少家庭关爱,她敏感、脆弱;而小明是一个阳光开朗的大男孩儿。小明就像清晨的一缕阳光照亮了小红灰暗的世界,于是小红接受了小明的追求。

想让小红与小明分开很困难,这类缺乏关爱的学生一旦陷进去就很难走出来。她太渴望用这份温暖的爱情弥补原生家庭中缺失的父母之爱了。所以,我首先要找小红谈一谈。

我想围绕两个话题展开 ——"让自己的内心变得更强大"与"如何保护自己"。

和她聊天之初,小红先是装糊涂,说不知道我为什么找她聊天。待我点破此次谈话与小明有关后,她正式启动了心理防御机制,否认他们之间的关系。为了让她消除戒备心理,我尝试使用共情法:"我很理解你,在家里你没有得到你需要的温暖和关爱……"

还没等我说完,她突然掩面而泣:"不要提我家!"我好像引爆了一颗炸弹,这颗炸弹炸开了她情绪的漩涡,也炸开了她的话匣子。"我爸爸妈妈从来不管我,只知道责怪我,无论我考得多好都只会说我不够努力……他很阳光,数学好,我喜欢问他题……"

我很理解他们之间纯真的情感,但我更应该教会这个女孩儿如何爱。

我说:"若女孩儿缺乏安全感,她和男生交往时会疑神疑鬼。他和别的女孩儿聊天时,她会独自黯然神伤;他节日里若不送礼物,她会觉得他不爱她了;他若因事所困不能赴约,她会担心他移情别恋……这便是低质量的爱情。相处时间越久,问题越多。"

我列举了很多小红敏感又脆弱的表现,她很惊讶我竟知道她那么多事。我又假设了几个男女相处时的场景,问她是不是会像我列举的那样做,她都点头承认了。

因为我对她很了解,她开始信服我的话。我下面的这番话起到了不错的效果。

"无论你们未来是否在一起,你都要做一个内心强大的女孩儿,在一起时不依附,分开后不妄自菲薄……

"孤独时,学会与自己相处。独立的精神世界,才能带给你永恒的快乐。书籍是你永远的朋友,推荐你看《简·爱》这本书……

"除了让内心变得强大以外,你还需要学会在生理上和心理上保护自己。男人喜欢女人,会渴望肉体上的接触。他可能要求和你一起去灯光昏暗的地方,然后拉你的手。如果你没有拒绝,他可能会想要拥抱你,想要吻你,甚至发生关系……你要学会保护自己的身体,做一个自爱自重的女孩儿。心理上的保护也必不可少,你要学会承受舆论的压力、同学们的非议、分手的风险……所以,注意交往的尺度,是对自己最好的保护。

"你觉得孤独难耐时,就来找我聊天吧。我希望你像小灰一样,从'灰色'女孩儿变成阳光女孩儿。"

后来,我又找到小灰,请她与小红分享自己的心路历程。我期待小红也能变得乐观开朗,内心强大。

两周过去了,我没有再看到小红和小明公然嬉笑打闹,没发现他俩再单独约会。

像小红这样的女孩儿,因缺少来自原生家庭的温暖和爱,便把异性伴侣当成精神支柱,过分依赖对方。我们需要教会这样的学生如何爱:做一个内心强大的人,有独立的精神世界,不依附,不强求,追求高质量的爱情。这样,不管他们未来是分是合,都能保护好自己的身心不受到伤害。至于未来的路,我们要尊重他们的选择。

# 五、羞怯的女老师如何引导沉迷于色情的男生

一位网友给我发来消息:"张老师,您好,我想请教您一件事。我班上的一个男生最近性情大变,他变得焦躁易怒,敏感多疑。我刚刚与他的家长通完电话,原来他最近对自己青春期发育的现象很好奇,很关注自己的隐私部位以及两性之间的事情,家长还发现他浏览过一些色情网站。家长希望我能与他进行有效的沟通,帮助他解决问题。可我是一名女老师,且毕业不到一年。说实话,这方面的知识我并不比他知道得多。而且我很难开口与学生讨论这些。请问,我该怎么办呢?您能否给我一点儿意见呢?多谢!"

我们应如何面对学生的青春期性意识萌动的问题?

## (一)改变观念,学习专业知识

一位女老师在上课时提到小说的"高潮",于是学生交头接耳,窃窃私语,不断地重复"高潮"两个字。这时候,如果这位女老师无视他们继续讲课,那么学生就会说得更大声;如果女老师很害羞,那么学生的目的就达到了。他们就是想在一个"无知"的女性面前表现得自己似乎"啥都知道",他们就是想看你羞怯的样子。

这位"侠女"老师停了下来,面无表情地扫视全班,然后用极其淡定又无所谓的语气说:"即使高潮了也不用叫这么大声吧。"

全班鸦雀无声,那几个男生被这样的回答惊得目瞪口呆——是的,他们失策了,出师不利,只能打道回府。

老师上课时常会遇到一些让学生敏感又兴奋的词语,比如,数学老师说两条线段"相交",语文老师说陶渊明爱"菊花",班主任

说晚上要早点儿"上床"睡觉……有些学生听到这些词语后会笑而不语，有些学生会不断和熟悉的同伴重复。一些反应慢的老师不知为何，反应过来的老师也不知该怎么应对。

向我咨询的这位女老师刚工作一年，还没谈过恋爱，像"侠女"老师这样的回答她羞于说出口。当我把这个"高潮"的段子说给她听时，她直呼不可思议。

我觉得这位老师的性教育观念有问题，与她多大年龄、工作多久、有没有结婚关系不大。

所以，我首先告诉这位女老师："你要改变自己的性教育观念。性幻想是处在青春期的学生正常的心理现象，在学校和家庭缺乏性教育的情况下，学生只能通过网络和书籍'自学'。如果你觉得这个男生的想法和做法是肮脏的，那么你就已经站在了学生的对立面。"

我给这位女老师推荐了三本书：《男人：一本给女人看的书》《女人：一本给男人看的书》《中学性教育教案库》。前两本书是比较保守的性教育书籍，适合她这种羞怯的女老师。第三本是国内的性与性别研究专家方刚教授主编的，尺度比较大。

我希望她能吸收书中的精髓，改变性教育观念。教师拥有专业的知识，才能帮助学生、指导家长。

### （二）男生课堂，揭开神秘面纱

初中正是男生性发育的高峰期。很多学生对自己的身体变化并不了解，他们或是好奇，或是恐慌。这时候，如果教师没有对其进行及时、有针对性的指导，他们就有可能误入歧途——沉迷于色情网站不能自拔，过度自慰导致萎靡不振，过早尝试性生活影响身心发育……

所以，我们不能总是遮遮掩掩，欲说还休，越是这样学生越是好奇。

我所在的学校（广东省佛山市南海外国语学校）会在初一下学期为男生和女生分别开一场性教育讲座，请生活老师和校医为学生讲解青春期发育后身体上的变化。

我告诉给我留言的老师，先不要找这个男生进行个别谈话。她应给全班男生开一场性教育讲座，如果自己不好意思，可以请生物老师或者校医来讲。

### （三）课后谈话，有针对性地指导

我还告诉这位老师，讲座结束后，可以让做讲座的老师找那个男生谈话。

单独谈话时，不能让他知道他妈妈已经发现了这件事。老师可以用课后访谈的形式找学生谈话。要多找几个男生谈，这样就不会引起他的怀疑。

做讲座的老师可以问问他，课后有什么收获，有没有什么困惑，并告诉他对性感到好奇是很正常的。

### （四）家校合力，指导家长进行性教育

最后一步是约谈家长，告诉家长不要因为孩子这样做就觉得他"学坏了"，不要打骂孩子，要科学地进行指导。

可以让爸爸和孩子一起洗澡，并告诉孩子身体的秘密；也可以让爸爸陪孩子一起打篮球、跑步等，转移注意力的同时拉近父子的心理距离。

班主任还要提醒家长，应尊重孩子的隐私，不要偷看孩子的电脑。

后来，这位老师组织了讲座，进行了课后访谈，与家长进行了沟通，并引导学生把注意力转移到其他方面。这个男生的状态慢慢好转，家长也没有再反映类似的情况。一年后，我又和这位老师取得联系，她告诉我现在这个学生变得很开朗，是个特别贴心的暖男。

## 六、如何看待"屡教不改"的学生

想让一个人脱掉身上的棉袄，应该怎么办？用冷风吹，他会把棉袄裹得更严实；唯有用温暖的阳光照射，才能让他主动把棉袄脱下来。打个比方，学生的"问题行为"就是这件棉袄，老师的教育方法就是寒风或阳光。我们的冷言冷语、批评指责是寒风，我们的包容理解和等待是阳光。有的学生棉袄厚一些，我们需要用更多的耐心来等待。

### （一）"屡教不改"之我见

屡教，不是一蹴而就，而是一种坚持。品德形成需要时间，德育需要坚持不懈。

屡教，不是简单重复，而是一种变通的艺术。教育若没效果，我们要反思为什么会这样。要多想办法，改变认知不行，还可以试试共情。

屡教，不是突变，而是渐进。"屡教不改"的问题一般都是顽固的习惯或行为，具有相对稳定性，要想改变只能用渐进的方式，小步子技术，从而实现从量变到质变的转化。

### （二）学生为什么会"屡教不改"

我认为有三个方面的原因：学生、父母、学校。

学生方面：每个学生"屡教不改"的原因都是不同的，要具体问题具体分析。但他们往往有共性问题：或是习惯不好，或是自制力差。

父母方面：父母对孩子或是放任自流，或是娇宠放纵，或是没有做到以身作则。孩子的很多问题都源于家庭。家长错误的教育方式"害"了孩子。

学校方面：有些老师时常用简单粗暴的方式解决问题，加剧了矛盾。老师事务性工作太多，因此不舍得把时间"浪费"在"屡教不改"的学生身上。

### （三）"屡教不改"的学生怎么教

平复情绪。遇到"屡教不改"的学生时，我们总会感觉自己的权威遇到了挑战，冒出诸如"怎么这么不听话""怎么我说了几遍还是错"的念头。所以，我们首先要平复自己的情绪。只有冷静下来，才能想到解决问题的好办法。

了解原因。犯错误的学生总会有无数个犯错的理由，"屡教不改"的学生总会让自己的借口每次都不一样。不管他说什么，我们都要认真倾听,即使他撒谎也不要直接戳穿。我们要相信,通过我们的教育他会有所改变。

同伴协助。中学阶段,学生的重要他人是同伴。要让同伴对"屡教不改"的学生多发挥正面影响。

永不言弃。我们努力不一定有所改变,但不努力就一定不会改变。即使"屡教不改"的学生没有变好,我至少也要想办法不让他变得更离谱。

温暖等待。我们真"屡"教了吗?我们需要耐心地"屡"教。如果"屡次"都是用同一种方法"管教",效果往往也不会好,"教"的方法要因时、因地、因人而异。当然,"屡教"之外,温暖地等待也可能是一个良方。我们做了我们该做的,然后慢慢等着他自愈,不急不躁。

第八章

家校共育课程化

关于新时期的德育工作和家校合作，教育部提出了更高的要求，因此协同共育将是新时期家校合作的新特点。"家校共育指导师"将成为班主任的新角色。

# 一、家校共育微课程，让家长成为学生的影子老师

## （一）家校共育微课程的缘起

### 1. 让家长成为影子老师

教第一届学生时，校运动会结束后的一幕让我久久难忘：运动会临近结束时，突然下起倾盆大雨，家长和学生纷纷把帐篷外面的食品和凳子移到帐篷里，唯有小明站着不干活。我抬头看了看小明的爸爸，只见他撑着伞站在帐篷外，冷眼旁观大家干活。我在心中感慨："孩子就是家长的复印件啊！"

班里几乎每个学生的身上都有父母的影子：女生小影爱爆粗口，开家长会时我亲耳听到她爸爸对她妈妈说脏话；男生小威爱斤斤计较，从他的作文中我得知他的妈妈也是锱铢必较⋯⋯

孩子是家长的一面镜子，优秀学生的背后常常有优秀的父母，问题学生的背后往往有问题家长。要想孩子进步，家长首先要不断进步；要想孩子优秀，父母首先需要学习成为优秀的家长⋯⋯由此，

我萌发了让家长成为学生的"影子老师"的想法。"影子老师"是指通过适当的专业课程让家长具备老师的教育素养，使家庭教育更科学、更专业，使家长像教师的影子一样对学生的健康成长发挥积极影响，进而实现真正的家校共育。

### 2. 家长需要专业指导

家长会结束后，小王的妈妈留了下来，我把小王身上存在的问题告诉她。她叹了口气对我说："张老师，我也知道他的这些问题，那我该怎么办呢？"小平的妈妈也凑过来："是啊，我家小平也这样，张老师，我们该怎么办呢？"这一幕几乎在每一次家长会结束后都会上演。

知子莫若母，孩子的问题家长都知道，但家长不仅仅想知道问题"是什么"，更想知道面对这些问题时"我该怎么办"。家长需要知道问题，更需要接受专业指导。我想：应该给家长上什么课？怎么上课才有效？

### 3. 系统课程帮助家长提升教育素养

学生小岳一直很听父母的话，即使父母是错误的他也很少反抗。但中考后，小岳变成了妈妈口中的"不孝之子"，因为他违背妈妈的意愿，想报考离家很远的高中。有两条路摆在小岳面前：第一条，听妈妈的话，委屈自己；第二条，做个"不孝之子"，遵从自己内心的想法。无论如何选择，都有一方会"受伤"。最好的应该是第三条路：转变妈妈的思想，让妈妈给儿子松绑，让孩子按照自己的意愿选择。

家长们的传统教育观念根深蒂固，转变起来十分困难，单凭几节课很难解决。由此，我决心通过系统实施家校共育微课程来提升家长的教育素养，用三年时间彻底转变家长的传统思想，引导家长科学地陪伴孩子成长。

### （二）家校共育微课程的核心是有效沟通

人们习惯把初中阶段称为"特殊时期"，这一时期同时也是心理断乳期、第二逆反期、心理闭锁期、自我专注期、异性向往期、同伴压力期和学习分化期。这一时期，心理闭锁是最明显的特点。面对这一阶段的孩子，初中家长感到最困惑的地方是不知道如何与孩子沟通，如何与孩子相处，采取什么方式方法才能有效地教育孩子。由于种种原因，父母与孩子之间缺乏必要的交流沟通，父母不理解孩子。

要解决这个问题，我们不妨改变传统的单方感恩教育方式，从父母和孩子两方面入手，将亲子交流课分为父母课堂和学生课堂。我们可以将父母课堂的活动主题定为"好话也要'友'好说——心理闭锁期亲子沟通秘籍"，引导家长不要以"家长"身份自居，在孩子处在心理闭锁期时做孩子的心理同龄人，与孩子像朋友一样交流，好话也要"友"好说。

以下是我在重庆市育才中学执教初二下"好话也要'友'好说——心理闭锁期亲子沟通秘籍"的公开课实录。

第一个环节："蒙眼过障碍"比赛。两个学生蒙着眼睛转三圈后分别经过四处障碍，家长在旁边只能用言语指挥学生前进，不得用手碰触学生的身体。游戏结束之后，我采访两位家长和两个学生的感受。

在游戏的过程中，家长一心想让孩子领先，不停地催促和唠叨。这个游戏的结果并不重要，我只是想借此呈现现实生活中亲子沟通的缩影：父母打着为孩子好的大旗，采取不恰当的方式与孩子沟通，孩子很厌烦家长的唠叨，于是亲子矛盾就产生了。我先是通过做游戏的方式让家长充分暴露问题，之后又通过采访的形式，让孩子表达心声，让家长意识到自己在亲子沟通中存在的问题。

第二个环节："四大名助"。根据调查问卷的结果以及班主任的反馈，我设计了四个典型情境。我请在场的学生、家长、老师一起分析，运用心理学知识，给出四大"名助"。

片段一：周五你放学回家，书包都来不及放下，便急忙跑到厨房兴高采烈地对妈妈说："妈妈，告诉你一个好消息，我数学考试成绩比上次进步了10分……"

①模拟情境对话：这时，你妈妈可能会说什么？

②采访学生：你此刻的心情怎么样？你下次还会跟妈妈说吗？你希望妈妈怎么说？

总结出"名助"一：孩子倾诉时该怎么办？耐心倾听，积极回应，多赞美，少敷衍。

片段二：你没有得到妈妈的积极回应，心情沮丧地回到房间，却发现房间被弟弟弄得一团糟。你曾多次告诉弟弟不要乱动自己的东西，但还是没有改观。你怒气冲冲地对妈妈说："弟弟又把我的房间弄乱了……"

①学生讨论，现场排演情景剧。

②学生表演。

③采访学生：妈妈这样说时你的心情怎么样？希望妈妈怎么说，怎么做？

总结出"名助"二：有了矛盾冲突怎么办？换位思考，认同对方的感受。（您可以这样说："孩子，我很理解你，你希望我为你做点儿什么？"）

片段三：你成绩进步了妈妈没有积极回应你，你的房间被弄乱了妈妈又不理解你，你的心情变得很沮丧，躺在床上玩手机，不知不觉过了很久，妈妈突然推开房门……

①现场生成情境剧本《妈妈的唠叨》：当妈妈看到你专注地玩手机时，妈妈会说什么？听到妈妈的唠叨后，你会怎么回应？

②请一组家庭互换角色即兴表演《妈妈的唠叨》。

③采访家长：作为孩子，被斥责和唠叨时你有何感受？

④采访学生：作为家长，看到孩子不听话时你有何感受？

总结出"名助"三：孩子犯错时怎么办？摆事实＋说感受＋表期待，多说我，少说你。（您可以这样说："看到你 ＿＿（问题）＿＿，我很＿＿（心情）＿＿，如果你＿＿（改变）＿＿，我会很开心。"）

如果上述问题一直不解决，久而久之，亲子关系会如何发展呢？孩子可能会越来越不想和父母交流。

总结出"名助"四：孩子不想交流时怎么办？尊重感受，心语信箱，家长在孩子不愿意沟通时可采用书信或微家书的交流形式。

第三个环节：总结和拓展。建议每位家长课后阅读一本指导家长如何与孩子沟通的书，希望家长通过不断学习提高自己与孩子沟通的技能。

课后，班主任王老师给我发来信息："张老师，非常感谢您，课设计得很漂亮，有创意，有深度，戳进了大家的心坎。课后家长们反馈这节课应该早点儿上。"这让我坚定了坚持"无障碍沟通"，做快乐的班主任的信念！

## （三）家校共育微课程的目的是共同成长

为了让课程中的主题更有针对性，我们在全校发起了调查问卷，初步确定了几十个主题。之后，我们又通过与家长、学生、同事的深入交流，筛选主题。最终，我们确定了与班会课课程相匹配的六大主题。每个学期一个主题,每个主题两节课,每节课1小时,这十二节课构成了我们班的家校共育微课程。

当我再次教起始年级时,我带领工作室的成员一起开始了家校共育微课程。老师们结合班情,对主题进行微调。在实践中,我们不断修改、完善,形成了形式多样、内容较丰富的家校共育微课程。

### 1. 家校共育微课程形式多样化

学校要求开家长会的时间就是我们班的家校共育微课程时间。过去,我会在家长会上碎碎念:汇报班级成绩,指出个别学生的问题,指出需要家长配合的工作……

现在,我给自己提出一个要求:每一次家校共育微课程都要有所不同——不同的形式,不同的主题,不同的亮点。我希望可以让家长爱上家校共育微课程。

针对不同的主题,我会选择既能满足家长需要又能让家长容易接受的组织形式。

(1) 家长座谈会

家长座谈会是把相同类型学生的家长聚到一起,解决学生的共性问题。这种家长座谈会避免了班主任泛泛谈班级情况的弊端,让每个家长都有发言的机会,让每个学生的问题都能被老师聚焦。所谓"相同类型",不一定是"有相同问题的学生",比如,这些都是学习成绩差的学生,那些都是宿舍内务搞不好的学生……我们也可以将品质相同的学生的家长聚到一起。

我们把座位围成一圈,以拉近彼此的距离。我还会准备茶水、咖啡、点心、水果等,以营造出温馨、和谐的氛围。家长和老师畅所欲言,针对学生的共性问题和具体情境进行研讨。时而家长分享经验，时而老师讲授方法，形式不拘一格。

小阳妈妈在参加完一次座谈会后给我发微信说："参加家长座谈会之前，我听说只有部分男生的家长参加，心里十分忐忑，因为按照以往的经验，不是被告状就是被批评。幸亏自己还是来参加了，收获真的很大。"

小鑫妈妈说："这次家长座谈会让我耳目一新。"

(2) 亲子共读课

亲子共读课就是请家长和学生一起读一篇文章，结合预先设置的问题分享心得。

在亲子共读课上，我组织学生与家长共同阅读黎烈文的《崇高的母性》，解决三个问题。①亲子问题：读完后，谈谈你的感受，并说一说哪些细节最让你难忘。②家长问题：你能向大家讲孩子出生时一个让你刻骨铭心的细节吗？③学生问题：读人家的故事，想自己的人生。以前我们是怎么对待妈妈的？以后你又该怎么做？

在这节课上，家长们都深有感触，尤其是小亮的爸爸，当年妻子生产时的痛苦仿佛就在昨日。他深情地回忆道："做完剖宫产手术后，小亮的妈妈躺在病床上，脸色苍白。她发烧至四十度，且已经十多个小时没吃东西了。她一直昏睡，嘴里不时说点儿什么，我听不清。看着她那苍白的脸，我第一次感到死神是如此之近。产后第三天，小亮黄疸指数超标被转入新生儿科，她晚上睡不着，挣扎着要求我带她去看儿子。我扶着她半步半步地挪到新生儿科，我们隔着玻璃窗见到儿子蒙着眼罩，绑着双手，头上插着针头，在保温箱里边哭边挣扎。她的泪水一下子涌出来。她怕吵到别人，拼命忍住不哭出声。她忘记了伤口的疼痛，忘记了现在已经是午夜时分。她边流眼泪边站着盯住儿子，累了就坐在又凉又硬的椅子上，坐会儿又站起来，周而复始，直至儿子哭累了睡着。"

这篇文章唤起了小亮爸爸内心深处的记忆。讲到后面，小亮爸爸忍不住哭出声来，自然流露的感情让我们每个人的眼睛都湿润了。小亮递给爸爸一张纸巾，父子温暖的拥抱感动了在场的所有人。我猜想这个场景小亮一辈子都不会忘记。

听完父母充满深情的讲述，几位同学也发表了自己的感言。小亮表示自己会更加努力学习以报答父母的养育之恩。晓岚说："虽然我妈妈有时候很烦，但我会一直孝顺她、爱护她。"嘉明的回答很有趣："我会告诉我的孩子，要对妈妈好。"

(3) 颁奖典礼

初三时学生家长的期望值常高于学生现阶段的水平，这导致学生的心理压力比较大。组织颁奖典礼，一方面可以让家长看到孩子优秀的一面，另一方面也可以让学生悦纳自我、超越自我。

期中考试前，每两个学生组成一个学习小组并进行比赛，成绩出来后，"战败方"给"获胜方"写颁奖词，"获胜方"给"战败方"写感谢信。在家校共育微课程中，我们会请双方家长给两个学生拥抱和鼓励，并一起合影留念。

除了上述几种形式外，我还组织过多种形式的家校共育微课程。上"爱需要放手"时，我通过组织家长观看视频并解说的形式让家长懂得，家长需要让孩子慢慢学会独自面对生活中的风风雨雨。上"发展性习惯养成：生活习惯之运动"时，我持续一学期跟踪全班学生的周末运动情况，并结合体育成绩和身体健康状况给出调查反馈，有数据、有案例，家长们十分赞叹。上"巧用期待效应：好孩子，夸出来"时，我邀请个别家长给全体家长授课，通过分享具体的实例，让大家明白如何巧用期待效应。

后来，课程进一步调整、发展，从"我给家长上课"发展到"家长给家长上课"，再发展到"孩子给家长上课"，最后发展到家长"自己给自己上课"，通过家长的自我教育与自我反思，提高教育效果。

## 2. 家校共育微课程内容系列化

家校共育微课程以实用为基本原则。我们针对学生成长关键期的心理行为问题和亲子沟通中的典型问题，以具有成长性思维的微课程帮助家长化解亲子沟通中的教育困惑，解决孩子成长中的困扰。我们的家校共育微课程努力做到符合学生的心理发展规律，循序渐进地开展，每个学期一个主题词：初一上学期是"适应"，初一下学期是"习惯"；初二上学期是"责任"，初二下学期是"沟通"；初三上学期是"赏识"，初三下学期是"激励"（见表8.1）。每个学期各有侧重，共同构建家校共育微课程体系。

表8.1 家校共育微课程的主题及形式

|  | 上学期主题及形式 | 下学期主题及形式 |
| --- | --- | --- |
| 初一 | 适应<br>第一次课：爱需要放手（视频解说）<br>第二次课：静待花开不等于放任自流（案例研讨） | 习惯<br>第一次课：习惯培养：学习习惯之阅读（名家讲座）<br>第二次课：习惯养成：生活习惯之运动（跟踪、调查、反馈） |
| 初二 | 责任<br>第一次课：看着你的背影成长——做孩子的好榜样（亲子共读）<br>第二次课：要求孩子做到的，你先做到（榜样示范） | 沟通<br>第一次课：如何听，孩子才会说（角色互换）<br>第二次课：好话也要"友"好说——心理闭锁期亲子沟通秘籍（亲子体验） |

续表

| | 上学期主题及形式 | 下学期主题及形式 |
|---|---|---|
| 初三 | 赏识<br>第一次课：巧用期待效应：好孩子，夸出来（四位家长授课）<br>第二次课：善用多元智能理论：天生我材必有用（分组开展家长座谈会） | 激励<br>第一次课：你是上天给我的礼物（颁奖典礼）<br>第二次课：你的努力，我看得见；你的焦虑，我都懂（学生报告） |

### 3. 家校共育微课程的实施途径

家长来校听课和学习的时间有限，省时、高效是他们的诉求；教育素养的提升需要家长平时自觉学习，因此，激发和指导家长进行自主学习是更好的途径。

我们班每个月都会推荐一部电影，请家长和学生一起观看，并各自说说自己的观后感，以此作为家校共育微课程的延伸。2018年10月我们推荐的是《摔跤吧！爸爸》，希望家长严而有度，严中有爱。2018年11月我们推荐的是《寻梦环游记》，希望家长理解并尊重孩子的梦想。

随着现代信息技术的发展，家校共育不再局限于面对面的交流，班主任可以利用网络开展线上家长课程。形式也不拘泥于老师授课，家长也可以开直播课。我常利用家校共育软件推送教育类文章，家长可以在讨论群里发表观点。每次讨论我都会请一位家长主持并整理成文，引导家长进一步强化学习。这样做，可以把线上讨论与线下课程相结合，让家校共育微课程贯穿学生成长的全过程。

看着家长们越来越懂教育，看着学生们健康快乐地成长，看着青春期的学生和家长亲密友好，我发自内心地觉得自己做了一件特别有价值的事。

## 二、家校有效合作，老师不能一厢情愿

在家校合作中存在很多误区，我们先看两个案例。

【案例1　事无巨细找家长】

一日，我和晓岚的妈妈聊天，她很感慨地对我说："张老师，你不知道我有多害怕接到老师的电话。小学老师每次打电话都是因为晓岚在学校里闯了祸。很多事情我也管不了，只能听老师凶我……"

晓岚虽说很爱说爱动，但总体上来说没有太多需要家长解决的问题行为。

晓岚妈妈继续说："我的孩子因为调皮、好动，课堂纪律不好，所以总被老师惦记。记得有一次，孩子上三年级时的一天中午，我接到孩子班主任的电话，叫我立刻到学校一趟。我当时也没有问什么原因就连忙赶到学校。见到班主任后我才知道，原来是孩子上课说话，老师罚他课间操时间在教室外的走廊上朗读课文，但是孩子不肯读。孩子不服从老师的处罚，这让老师觉得自己失去了威严，她在情急之下就打了我的电话！就在我赶去学校的这段时间里，孩子已经完成了老师的处罚。我了解了事情的原委后，无奈地笑了。我住得离学校很远，让我急急忙忙赶到学校竟然就是因为这点儿事！我一直都认为，家长应该积极配合老师教育好孩子，老师主动与家长交流孩子的各种问题是完全正确的。但是，这种无意义的交流和召唤我真的不认同。"

虽时隔数年，晓岚的妈妈谈到被召唤的往事时依旧不悦。她说，小学老师"告状"是常事，对此她也很无奈。

什么事都找家长，无形中会增加家长的负担，这是低效甚至无

效的家校沟通。长此以往，家长还愿意配合老师的工作吗？

【案例2 家庭作业变成"家长作业"】

一个妈妈在论坛上发了一个帖子，抱怨老师布置的家庭作业花样百出。孩子做不出来，作业就变成了家长的任务。下面跟帖的家长议论纷纷，对老师的这种做法十分不满。

这种现象在小学低段尤甚，很多学校打着"素质教育"的旗号，布置过多、过难的家庭作业，比如手抄报、绣花、做PPT、拍微视频等，这些往往超出了学生的能力范围。学校的初衷是希望家长和学生一起做，既可以提高学生的想象力和动手能力，又能增进亲子感情。可实际上，由于学生年龄尚小，作业已超出其能力范围，家长又爱攀比，希望孩子被老师表扬，导致全部作业由家长代劳。家长们私下里埋怨老师，但又敢怒不敢言。

老师们的初衷是好的，但如何把作业落到实处是个值得思考的问题。评价方式直接影响学生的学习效果，仅仅比"谁做得好"就很容易陷入"家长做作业"的困境。倘若评价方式更加多元化（关注真实性、想象力、认真程度等），或许我们就能更接近教育的初衷。

在社会各界极力倡导家校合作的今天，怎样才能使家校合作更加有效呢？

## （一）明确合作范围

班主任的工作有界限，家长的教育同样有界限。老师不应过分干涉学生的家庭生活，家长也不应过多地参与课堂管理。凡事有度，过犹不及。

比如，周末作业、由家庭原因导致的学生情绪问题、学生的青春期教育等问题，班主任应及时找家长沟通。

比如，同学间的小矛盾（不涉及欺凌）、课堂纪律、在校作业、教室卫生等问题，老师不要麻烦家长。

再比如，在寄宿制学校里，若老师连学生鞋子摆不齐、蚊帐挂歪了这样的问题也要找家长，那就是给家长添麻烦了，还会让家长觉得老师"不作为"。

但所有问题都不要一刀切，应具体问题具体分析。

比如，在寄宿制学校里，周一到周四的作业情况不需要向家长反馈，因为家长鞭长莫及；但周末的作业安排班主任则需要及时向家长反馈，明确家校分工。

比如，学生的学习成绩下降，如果是因为学生的学习态度不端正导致的，班主任就需要找家长了解情况，家校合力解决问题；但如果是因为学生的学习方法不当导致的，班主任就不要找家长了，班主任此时要发挥自己的专业特长。

再比如，同学间产生了矛盾，如果仅仅是偶发的小纠纷，老师应有能力以此为契机增进同学间的情感；但如果是长时间的欺凌，班主任就可能需要找家长了解情况，合力解决问题。

## （二）坚持合作原则

### 1. 自愿

什么是合作？合作就是个人与个人、群体与群体之间为达到共同目的，彼此相互配合。说得简单点儿，合作的前提是双方主动、自愿。单向沟通是低效甚至无效的。

班主任组织活动，应遵循自愿参加的原则，对不愿参加或是不能参加的家长不应进行"绑架"。班主任要多换位思考,对家长多一点儿理解和尊重。在组织集体活动时,要顾及家长未参加活动的学生的感受,不施压,多一点儿呵护与关照。

班级活动的组织者不一定是老师,也可以是家长和学生。班主任要多发挥家长的专长,体现家长的价值。

想明白了这些,当我再遭遇一呼无人应的尴尬时,再被"我很忙,拜托张老师和其他家长了"的托词拒绝时,我不再像刚开始工作时那样失落了,也不再一味怀疑和否定自己。

2. 平等

家校沟通的前提是平等。一方面,老师要尊重家长,不能"俯视"家长,不能不考虑家长的实际情况就布置高难度的任务;另一方面,家长要尊重老师,老师不必因为家长的身份特殊而"仰视"家长。

老师对家长的态度应该是,谦而不卑,敬而不畏。

年轻老师不用怕家长。每个家长都是为了孩子好,只要你做到坦诚相待,以理服人,家长知道你是为了孩子好,就会接受你。没有家长会故意找碴儿。

### (三)深化合作内容

与家长合作不等于"告状"。老师与家长沟通时,不但要反映学生的问题,更要告诉家长应该怎么办,需要怎么与老师合作。

很多学生的问题行为来源于家庭,很可能家长身上也存在相同的问题,班主任即使找了家长问题也许也很难解决。爱爆粗口的学生家里可能有个爱说脏话的家长,斤斤计较的学生背后可能有个心胸狭隘的家长。所以,我们教育学生的同时还要告诉家长应如何做,告诉家长身教重于言传。

案例 1 中的晓岚确实存在上课时爱说话的问题，但我没有找家长，因为解决这样的问题是我的工作，我应该凭借自己的专业能力解决这个问题。还记得那次晓岚妈妈来找我谈晓岚成绩不断下降的问题时，她当着晓岚的面声泪俱下，说晓岚不理解她的苦心，不上进。我私下里告诉她："好孩子是夸出来的。当着孩子的面时，要维护他的尊严，要多看孩子的优点，寄予厚望，唤醒孩子主动上进的欲望。"晓岚妈妈照着我告诉她的方法去做，效果很明显。

深化家校合作内容，丰富家校沟通方式，完善家校合作的组织机构……我们一直走在探索家校有效合作的路上。

## 三、家长总是干涉班主任的工作，怎么办

在一次讲座中，一位老师向我提问："家长总是对我们班的管理指手画脚，还特别喜欢指挥我，我该如何应对？"

我的回答包括两方面的内容。

第一，班级不是班主任一个人的班级。家长是重要的教育资源，我们要学会利用这种资源。家长有参与班级生活的权利，班主任不能认为班级是自己的，家长参与班级生活就是"干政"。

第二，家长有参与班级生活的权利，老师对家长的建议也有选择的权利。无论家长说什么，我们都应予以尊重和理解。家长说得对，我们则取其精华；家长说得不对，我们也要保护好家长参与的积极性。

"家长总是对我们班的管理指手画脚",这个说法本身就已经把家长放到了班主任的对立面上。家长对班级管理和班级发展提出建议,你可以理解成家长"干涉"班主任工作,也可以理解成家长与教师"共营"班集体。班集体不仅仅包括几十个学生,还包括十几个科任老师、班主任及几十位家长。因此,班级管理事宜不仅仅是班主任的工作,还是学生的工作、家长的工作、科任老师的工作。那么,若家长过多地参与班级事务,我们该如何应对、如何妥善处理呢?

## (一)观念转变:换位+反思,化干预为参与

目前,大部分初中生的家长是1980年前后出生,这些家长大部分是独生子女。他们曾经被认为是叛逆的一代,被老师们认为是很难管教的一群学生。现在他们长大了,为人父母了,他们教育子女的方式也有着这一代人特殊的烙印:不急功近利,更注重孩子的全面发展;不反对孩子与网络接触,给孩子更多自由的空间……这些新鲜的教育观念时常让部分单纯为升学率绞尽脑汁的老师接受不了。

一些全职妈妈十分热衷班级事务。她们也许没有先进的教育理念,但全心全意为孩子着想,有大量时间关注学校和班级。她们有时还会因为误解老师的做法而聚众吐槽,甚至"联名上书"参与班级事务。

若有家长过多地干预班级事务,我们应该冷静下来,换位思考。家长打电话给老师提建议时,一些老师会觉得不耐烦,甚至与家长发生口角。家长原本可能只是想提建议,结果后来发展成投诉老师。心平气和地倾听,既是对家长的尊重,对学生的负责,也是对自己的提醒。你可以告诉自己:"家长不是在干涉我的工作,而是在关心孩子的成长。"站在家长的角度想问题,你就会释然。怀有一颗宽容

的心，你就会冷静。面对否定，不急于辩解；面对质疑，不急于反驳；面对干涉，不急于对抗——冷静倾听，换位思考，让干预变成参与。

教师的教育理念既决定了班级管理的方式，也决定了教师和家长沟通时的定位。传统的师道尊严观念让老师因碍于面子而不愿反省自己，遇到问题时先指责学生和家长，而不会反思自己的做法。面对家长的"干涉"，我们不妨试着问自己三个问题：第一，我是不是真的没有做好？第二，家长是不是在吹毛求疵？第三，是不是我在家长的心中没有威信？倘若是我们没做好，我们就要虚心听取建议，不回避，不抵触，改正并完善自己；倘若我们的做法没有问题，是家长在找碴儿，那就要问问自己：他为什么总是找碴儿？他对其他老师也是如此还是单单对我如此？他提的建议是只代表他一个人的想法还是代表一群家长的想法？……我们要不断地追问自己，在追问中反思，在反思中成长。

### （二）心态转变：理解＋共情，化担心为放心

作家张晓风在《我交给你们一个孩子》里说："学校啊，当我把我的孩子交给你，你保证给他怎样的教育？今天清晨，我交给你一个欢欣、诚实又颖悟的小男孩儿。多年以后，你将还我一个怎样的青年？"这是张晓风代表千千万万的家长发自内心的呼喊，这是一个母亲的担忧。

我们应该理解她的担忧。学校是学生成长的必经之地，九年义务教育是大多数家长必然的选择。孩子可能会被同伴影响性格，可能会被老师改变价值观，所有的不确定让家长们分外担心，于是家长们格外关心孩子，关注老师和学校。

如果老师对家长有同理心，家长觉得自己被理解了，那么很多问题就会迎刃而解。带第一届学生的时候，我刚大学毕业，很多家长对我不信任，觉得我没经验、没方法，教不好学生。我很理解家长的担心，换成是我，我也不愿意让一个没生过孩子、没有教育经验的大学毕业生来教我的孩子，但我会愿意让一个真心疼爱我孩子的老师陪着他成长。于是，我给家长们写了一封饱含深情的信——《您的孩子，我的宝贝》。我节选了其中的一部分：

信任我这样一位年轻教师是一件很难的事，很多家长担心我没经验、没能力，担心我带不好孩子。家长们的担忧我很理解，但请相信我，我会以自己的专业教书育人，并把您的孩子当成我的宝贝。

我确定我是爱孩子们的，否则我不会天天去食堂、去宿舍看他们，也不会每天笑得那么开心，更不会在假期里盼着快点儿开学见到他们。我会像您一样，天冷了会惦记孩子们穿衣服少会生病，孩子生病时急得像热锅上的蚂蚁，晚上躺在床上还挂念他们的空调温度会不会开得太低……我享受在学校里的每一分钟，只因为我天天能看到我最爱的孩子们。他们那么正直、那么纯洁、那么懂事，偶尔的淘气在我眼里也显得特别可爱。我沉醉于教育工作，早起、熬夜、病痛都不是我的对手，我会一一将它们打败，因为我有最锋利的宝剑——我最爱的孩子们。

这封信感动了我自己，也感动了一直质疑我的家长，他们愿意多给我一点儿时间，让我陪着孩子们一起成长。

我理解家长们的担心，所以我用真情打动家长，用行动说服家长，让学生们开心，让家长放心。

## （三）方式转变：沟通 + 合作，改配合为支持

通常，学校和班级很少给家长参与班级事务的机会，大多数情况下老师有需要时才发通知，家长听从指示配合老师做事。在老师没有需要也不发布班级消息的时候，家长对学生的情况一无所知。于是，担心学生的家长就会主动参与，这在老师看来就成了"干政"。

我们可以试着转变工作方式，变被动问询为主动沟通，变被动配合为交流合作。

### 1. 家委会，变老师命令为家长号召

家委会是为班级发展出谋划策的群体组织。家委会既可以为家长了解和监督学校工作提供便利，也可以更好地组织家长配合、支持老师的工作，确保教育渠道的畅通和教育资源的有效利用。

家委会是学校、家庭、社会沟通的纽带和桥梁，在实践中显示出强大的生命力。同样一句话，老师说是命令，家长说就是号召，而且更有感召力，效果更好。家委会可以让所有家长站在同一条战线上，共同为班级发展出谋划策，为学生成长尽心尽力。

### 2. "发声筒"，变误解为理解

家长常通过学生的话来了解学校和老师，学生的话很大程度上决定着家长对学校和老师的看法。我们应该努力让学生成为家校沟通的桥梁，让学生成为学校的代言人。学生开心，家长放心；学生成长，家长鼓掌。

家长了解学校不能仅仅依靠学生做"传声筒"，班主任应主动做班级的"发声筒"。

班主任应运用多种方式增进家长对学校的了解。比如，学生每

日在班级微信群里发布班级新闻，班长定期打电话给家长汇报学生情况，每次家长会印发班级报纸，每学期期末把班级日志装订成册发给家长，制作优秀作品集……信息发布尽量做到全面（涉及学习、生活、活动、比赛等各个方面）和全员发布（每个学生都可以成为小记者）。班主任利用多种渠道发布班级消息，可以让家长全方位了解班级的发展和学生的成长。因为了解，所以理解；因为理解，所以谅解。

### 3. 茶话会，变个别交流为家长沙龙

以往，我们常常将与家长沟通的地点选在学校的接待室或者老师的办公室。家长接到老师的邀请后总是惴惴不安，猜测着种种不好的可能性，做各种心理准备等着老师告状。老师大多也是等到问题比较严重了才请家长来学校谈话，且报忧不报喜。家长对此怨声载道，老师也是苦不堪言。

我们为何不换一种方式？我们可以针对某个阶段学生可能会发生的问题提前做好预防工作。比如，初一新生的适应问题，初二学生的青春期叛逆问题，初三学生的心理压力过大问题，这些问题都可以提前预防。提前做好预防工作，学生的问题就会少很多，班主任也就不用请家长到学校来了。

我们为何不换一个地点？我们可以约几个问题类似的学生的家长一起举行茶话会，共同为学生的成长点一盏心灯。孩子身上的问题相同，家长们聚在一起便有共同的话题，大家可以一起想办法。专题式的茶话会，不但可以一次讨论几个学生的问题，而且更容易让家长放松身心。家长们在轻松、愉快的氛围里打开心扉畅所欲言，问题也就能在"闲聊"中迎刃而解。

我们为何不换一下对象？我们可以让优秀学生的家长给"问题

学生"的家长传授经验。优秀学生的背后往往会有优秀的家长,他们也许有一套成熟的教育理念和教育方法。这些优秀家长的教育方法往往比书上的教育方法更有针对性,更适合孩子们。请优秀学生的家长给"问题学生"的家长传授经验,既是对"问题学生"家长的指导和督促,也是对优秀家长的肯定和鼓励,同时也能减轻班主任的工作压力。

## 四、家长要求给学生换座位,怎么办

晚上十点,小雨的妈妈打来电话,寒暄几句后她直奔主题:"小雨说班里昨天刚刚换了座位,她坐到最后一排了。"继而委婉地提出了想要帮孩子换座位的请求。

在这种情况下,我们该如何与家长有效沟通呢?我是这样做的。

### (一)表达歉意并表示理解

家长担心孩子坐在后面看不到黑板影响学习,家长的担忧我们理解。所以,我先尊重并理解家长的心情,再表达我的想法,继而与家长达成共识。

我先坦诚地表达了我的歉意:"小雨妈妈,真的非常抱歉。今天上完课我就走了,没注意到小雨坐到最后一排了。"

然后,我表达了对她的心情的理解:"小雨个子那么矮,她坐到最后一排,很可能看不清黑板。我很理解您担忧的心情。"

## （二）简单解释班级排位制度

我们班实行"自由选座制"。我们定期将量化考核分数自高到低排列，学生依次选择座位。量化考核分数包括成绩、纪律、卫生、内务、体育等几方面内容，成绩包括总分排名积分、进步名次积分、单科排名积分等。每次月考后，我们重新核算当月的量化考核分数，学生重新自由选择座位。简言之，学生坐在哪里不是老师安排的，是学生自己一个月的努力换来的。

实行这个排位制度有几点需要注意。

①不能单纯依据学生成绩高低排座位。

②一个月换一次座位，换座位后积分清零。

③这种排位制度是班级文化的一部分，只有家长和学生都对它表示理解方可施行。我们班实行两年来几乎没有家长打电话质疑过座位问题，因为家长都知道孩子的座位是他自己努力换来的。

④实行这项制度时，可能会出现矮个子学生坐到后排、高个子学生坐在前排等问题。班主任需要具体问题具体分析，有针对性地解决。

⑤可能会出现特别爱说话的学生聚在一起影响班级纪律的问题，班主任需要及时发现并将学生调开。

我只是简单地告诉小雨妈妈："我们是根据量化考核分数自由选择座位的，一个月选一次座位，还有两周就要月考了，月考后马上换座位。"

## （三）先承诺可以换位置

家长打电话的意图很明显，就是想让老师换座位。如果老师断然拒绝可能会引发冲突；如果老师打算通过讲道理说服家长，家长也许根本听不进去。所以，我先承诺家长"可以帮忙换座位"。

我向家长承诺："我们班每次调了座位后都会出现几个学生坐在一起聊天的现象，这时我们就会取消他们自由选座位的权利，把他们调开。一旦有这样的机会，我会优先考虑小雨。如果您等不及，我明天问问哪位同学愿意帮忙换。您看这样可以吗？"

可能因为我很客气，小雨的妈妈反倒有点儿不好意思了。

家长心里踏实了，也就更愿意听老师的。

## （四）多提供一种选择 —— 靠自己的努力换位置

我先阐明给小雨换座位给我们班以及小雨带来的负面影响："我使用班主任的权力调动小雨的位置倒也是可以的，但这有悖于我们班的班级原则。这不但会影响学生主动进取的积极性，还使小雨错过了一次靠自己的努力改变现状的机会。"

然后，我提出了自己的期望："我希望她能靠自己的努力换取心仪的位置。我相信她有这个能力。为了实现自己的目标，这个月她肯定会更加努力。"

## （五）尊重学生的选择 —— 让学生自己决定

最后，我们达成共识，尊重学生的选择，让学生自己决定。

为了不因此激化亲子矛盾，我向小雨妈妈提议："如果我突然给小雨换座位，会比较唐突。她若知道是您告诉我的，又要闹脾气。所以，我们统一口径，不要告诉她您给我打电话的事情。"

很感谢这位家长的通情达理。我们愉快地结束了通话。

第二天早读时，我马上找到小雨，只字不提她妈妈打电话的事，只是关切地问她:"我看你坐到教室最后面,你能不能看到啊?有没有需要老师帮忙的地方?"她轻描淡写地说:"能看到啊,不用换座位啊。"我拍拍她的肩膀,鼓励她:"假期表现影响了你的量化考核分数。两周之后月考,加油!"

晚上,我又抽时间给小雨妈妈打了个电话,告诉她小雨说不需要换座位。小雨妈妈表示尊重小雨的想法,并感谢我打电话告诉她后续的处理结果。

我的做法仅供班主任们参考。大家应结合实际情况,灵活处理。

## 五、家长投诉科任老师,班主任该怎么办

### (一)与家长电话沟通

晚上十点多,我接到菁菁妈妈的电话。我们聊了一会儿后,她突然说起我们班的一位科任老师与她女儿的矛盾。原来,菁菁告诉妈妈说孙老师误解了她。小测的时候,她看与考试无关的书,孙老师误以为她在作弊,便当着全班同学的面说:"人要脸,树要皮,没实力就不要做偷鸡摸狗的事情。"这句话让菁菁很受伤,因为以她在该学科的实力完全没必要作弊,但老师却不相信她的实力,还当着全班同学的面这样说她。全班同学都回头看她,这让她很没面子。所以,她在交卷子的时候有一道大题空着没有写,以示抗议。

她总是对妈妈说孙老师不喜欢她,妈妈怀疑她该科成绩下降也和孙老师的态度有关。

这件事发生在上周五，当时小测结束后孙老师就拿着菁菁的卷子和我说了事情的来龙去脉。菁菁的个性我很了解，她在气头上时和她说什么她都听不进去。我本想下周再和她谈谈，没想到，没等到我去找她，她妈妈就找上门来了。

1. 耐心倾听，善用共情

听到家长投诉时，班主任不要急于替老师、学生、学校辩解。班主任不要在未调查清楚前就下论断。一方面，班主任不一定了解情况；另一方面，家长投诉既是反映问题，也是发泄情绪，班主任要给家长足够的倾诉时间。所以，班主任不要着急解释，尤其不要打断家长的话，要耐心倾听。

等家长说完后，我说："菁菁妈妈，很抱歉发生这样的事，我能理解您的心情，您是担心女儿受委屈……"听到我这番话，菁菁妈妈也冷静下来。

之后，我又给她吃了一颗定心丸："这件事我一定会调查清楚。如果真的像您说的这样，我会认真对待并妥善处理，请您放心。"

2. 引起话题，诱导回应

接下来，我问菁菁妈妈："菁菁和您说这件事的时候，您是怎么和她沟通的呢？"

菁菁妈妈很通情达理，她宽慰女儿："老师没有叫你站起来批评你，说的不一定是你，你不要多心。"然后问女儿："要不要我找孙老师谈谈？"但菁菁不同意妈妈找孙老师，怕孙老师针对她；她还向妈妈保证，不管孙老师怎么误会她，她都能忍，不会影响学习。

继而菁菁妈妈又说："本来不想和您说，菁菁怕打扰您工作。但今天聊到这里了，索性就说了，真是不知道该不该和您说这些。"

### 3. 及时肯定，顺势引导

我马上给予肯定和夸赞："当然应该和我说。菁菁这孩子太懂事了。她看我太忙，不好意思打扰我。我花了不少力气培养她，我不希望这件事给她带来不好的影响，所以您一定要和我说。"

我刻意强调自己在菁菁身上花了很多心思，为的是让家长明白我不是不关心或者不作为。只有当家长感觉我们是同一个联盟的，感觉我是为孩子好的，接下来的沟通才更加有效。

我说："我是相信菁菁的，我很喜欢她。但假设我们站在旁观者的角度——我不是一个喜欢她的老师，您不是她的妈妈，我们走进教室后，看到她在翻书，我们会怎么想？有个成语叫'瓜田李下'，就是告诫人们不要在西瓜地里绑鞋带，让人误以为是在偷西瓜；不要在李子树下摘帽子，让人误以为偷摘李子……菁菁做了容易让别人产生误解的事。

"但是，如果孙老师真的点名道姓地说了伤害菁菁的话，我肯定是要和她沟通的。我也很为难，孙老师怀孕的事您也知道，我不好多说。我会提醒孙老师注意说话的分寸的。"

接着，我说："菁菁真的很顾全大局，既不让您麻烦我，也不让您找孙老师，考虑得比我们还周全啊！"

### 4. 着眼未来，辩证思考

我引导家长从孩子成长的角度辩证地看待这个问题："孩子在成长道路上遇到的每个问题都是成长的契机。我想以此为契机，教会菁菁如何与人沟通。从这个角度来看，这真的是促进她成长的一件好事。"

说完这些后，家长的气差不多全消了。我们又聊了下亲子沟通的问题，我教她怎么和孩子"友"好说话，呵护菁菁敏感的心，菁菁妈妈一直开心地夸赞我会说话、懂教育。

## （二）与学生当面畅谈

安抚完家长的情绪后，接下来要做的事就是调查事情的原委并解决学生的问题。

### 1. 多方调查，水落石出

我找到菁菁周围的几位同学，了解事情的来龙去脉。基本情况和菁菁妈妈说的差不多，但一些细节还没有弄清楚。比如，菁菁到底是在什么时间看的书？当时发了试卷没有？这些都需要我进一步调查。

于是，我去学校调取了班级监控录像，看到了整个事件的全过程。7:27 菁菁开始看书。7:36 课代表开始发小测的试卷，前一排同学将试卷传到菁菁手里时，她看了一眼，便把剩余试卷传给后排的同学，然后继续看书。其间，她还瞄了几眼试卷背面的阅读题。7:37，孙老师从教室后门走进来，菁菁马上把书收到书桌里，孙老师站在菁菁的旁边说："太过明显了吧。"菁菁没有解释，开始答卷。孙老师一边往讲台上走，一边说："人要脸，树要皮。"然后在教室里巡视一圈后就走了。

通过调查我发现，菁菁妈妈反馈的情况与事实是有出入的。这再一次给我们敲响了警钟：不可轻信一面之词，不能在未调查清楚前妄下论断。作为家校间的"传声筒"，学生的说法极大地影响着家长对老师的看法。老师只有处理好与学生之间的关系，才能够赢得家长的信赖。

## 2. 师生恳谈，护航成长

晚饭前，我让菁菁来办公室找我。我故意让她看到我电脑里的监控画面，然后问她："我还没有看到你们起冲突的部分，我想在看之前听你说说。"

她说的情况和监控基本一致，她反复强调："我没有作弊。语文早读听写时是可以看书的，只要不是边看书边做试卷，就不是作弊。"

我认为，不论她是否作弊，她都有容易让老师误解的举动。

我把她带到教师食堂，请她吃饭，和她边吃边聊。

我问了她三个问题。

第一个问题："老师为什么会误解你？"

我给她讲了一个真实的故事："有一个学生参加高考，在考场上，手机铃声响了，他被认定为作弊，成绩作废。后来我们得知，他的手机铃声响是因为他收到了一条短信，内容是'祝你考试成功'，这个学生是不是很冤？他是否被误解了呢？他首先做了违规的事，违反了'禁止把手机带入考场'的规定。你在考试时间看书，违反了'考试时收起与考试相关的资料'的规定。"

第二个问题："这件事你打算怎么处理？"

她说："第一，首先自己的内心要强大，身正不怕影子斜；第二，我要给孙老师写信，向孙老师道歉，我做了让她误解的事，但我也会解释，请她相信我；第三，以后考好一点儿，用实力证明自己；第四，多包容孙老师，她脾气不太好，同学们总惹她生气，我不能再惹她生气。"

第三个问题："你觉得咱们班谁最受欢迎？你可以向他们学习什么呢？"

我教她多观察受欢迎的同学，看他们是如何与同学、老师交往的。

我还告诉她："每一个问题都是成长的契机，我希望你通过这件事学会化解矛盾，与人沟通。我相信聪明的你一定会给这件事一个完美的结局。"

菁菁直到毕业时还记得这件事，她曾很感激地对我说："谢谢您教会我为人处世。"

### （三）"被投诉"之我见

如果我们被家长投诉了，该怎么办？我的回答是，"有则改之，无则加勉"。不要因噎废食，或认为现在的学生"管不得"，以后就不管了。

管还是要管，问题是怎么管。

案例中孙老师说"人要脸，树要皮"，为什么学生和家长反应这么大？我认为有四个方面的原因。

第一，说的语言。"人要脸，树要皮"这句话不得体，很容易伤人，老师不该说，至少不适合在这个场合说。

第二，说的场合。教师可以批评学生，但要分场合，尽量不要公开批评某个同学，尤其是疑似作弊这样的事。教师可以敲敲学生的桌子，暗示他"老师看到了"，然后课后再单独聊。

第三，说的对象。菁菁是一个自尊心很强、敏感多疑的学生，这句话会在她的心里酝酿、发酵。如果是内心更加脆弱的学生，还可能做出更极端的事。

第四，双方的关系。刚刚任教两个月的孙老师和菁菁并不熟，没有建立相互信任的亲密关系，这句话就成了插在菁菁心上的一把刀。

第九章

# 专业成长
# 有意思

# 一、参赛的老师，我想对你说

这次省级中小学班主任专业能力大赛终于落下帷幕。我有几句话要说。

## （一）获奖与否不是衡量班主任工作的唯一标准

我要恭喜所有参赛选手，无论你对成绩是否满意，你都已经完成了一次班主任生涯的历练。

我还要恭喜获奖的选手，你们不但做得好，而且说得好、写得好。

前几天，我发了一条朋友圈说我2014年获广东省中小学班主任专业能力大赛一等奖的经历。三位出版了个人专著的全国知名的班主任，却说自己属于被淘汰的类型。这虽是他们谦虚，但也足以说明一个问题：获奖与否不是衡量班主任工作的唯一标准。同样，出版专著，发表论文，研究课题等都不能够成为衡量班主任工作的唯一标准。班主任工作做得好不好，谁有发言权？学生！这三位老师都是成名后依旧坚守在一线的班主任。他们十年如一日，把班主任工作做得有滋有味。他们和学生共同成长，很受学生和家长喜爱。

有的老师如果在平时工作中主要靠管、压、控来制服学生，没有着眼于学生的长远发展，即使在比赛中拿了一等奖，我们能说他是好班主任吗？

### （二）卸下光环，踏踏实实做个好老师

拿了大奖，你一定会高兴一阵子。你也许会成为市里、区里的名人，许多地方会邀请你做讲座，给你戴上"名班主任"的头衔。于是，你忙得没时间和班里的学生交流了。

我也曾经在鲜花和掌声中迷失过自己。现在，我每天踏踏实实地写班主任工作日记。当我饿着肚子赶回学校上晚自习，看到办公桌上学生给我准备的爱心餐时，我知道，这就是幸福，只有班主任才有的幸福。这是你和我都可以拥有的小幸福。

唯有持续生长，才是我们应该追求的。

无论你拿了什么奖，走下舞台后，回到学生中间，回到三尺讲台，你还是你，还是那个老师，我们还是得踏踏实实教书育人。不要让自己的心飞得太高，忘了来时的路。

希望大家不会忘记苏霍姆林斯基、杜威、马斯洛，南风效应、破窗效应、禁果效应、期待效应……虽然这些东西比赛时大家都说"烂"了。

我们应把参赛时学到的理念好好消化，并运用到班主任工作中，而不是走下舞台就变回指着学生乱发脾气的老师。

### （三）赛前的准备是难得的提升过程

我们可以问问自己：做了老师后，有多久没有认认真真看过一本书了？有多久没有专心听一场讲座了？

大家赛前都做了充分的准备，白天上课改作业，晚上还坚持学习，啃了一本又一本平时不会翻的书，听讲座时认认真真做了一页又一页的笔记……

无论比赛结果如何,你都是很棒的,因为你超越了曾经的自己,遇见了更好的自己。

**(四)赛后要自觉成长、持续发展、终身学习**

参加大赛不但是提升自己的机会,更是实现人生飞跃的重要契机。有的老师因为拿了大奖而成为中层干部甚至校长,有的老师因为拿了大奖而获得"全国三八红旗手""五一劳动奖章"等荣誉,有的老师因为拿了大奖被邀请到全国各地做讲座;更多的老师坚守在一线,踏踏实实教书,开开心心育人。

作为班主任精英,我们有责任和义务带领更多的老师走上班主任专业化发展的道路,把班主任工作做得更专业、更高效,让更多的老师寻找到做班主任的幸福感,让更多的老师爱上做班主任。这需要我们具有自觉成长的动力、持续发展的能力、终身学习的耐力。

# 二、老师,请不断进步

时代不断变化,老师需要与时俱进,不断学习。

**(一)提高终身学习能力**

茜是我们学校的心理老师,她也在我们学生处兼职。

她是学习能力极强的人,每一次和她聊天我都能增长知识、开阔眼界。在食堂里遇到她时我总会拉着她聊个不停，渴望通过她了解先进的技术和理念。

她是画思维导图的高手，她可以一边听讲座一边整理思维导图，讲座结束，思维导图成型。她对多种思维导图软件了如指掌。

她对新生事物充满好奇心，周末从不会闲在家里做宅女，而是报各种班，接触各类人，学习各种新技能。她想学习瑜伽，不是报名参加瑜伽学员班，而是花高价报瑜伽教练班。我比她买苹果电脑的时间要早，但是她比我用得熟练得多，她说她曾参加过苹果免费的特训班，学会了使用苹果电脑的各项技能。看着她飞快地操作电脑界面，我真心觉得我浪费了这么好的苹果电脑。她想出国，所以努力学习英语。她觉得拼音打字慢，于是学习了一种特别快的双拼打字法。她提倡使用网盘，在尝试过多款软件之后推荐给我一款特别好用的。她经常会把特别好用的软件介绍给我们。

她是个协调能力特别强的人。虽然她的工作量非常大，但她能够在生活部负责人、心理老师、学生处干事等多重身份间自在切换。她不熬夜加班，坚持早睡早起，每天晚上练瑜伽，每天早上看书……无论多忙，她的家总是那么整洁、温馨，工作、生活两不误。

和她在一起，你会觉得自己很年轻，人生有无尽的可能性。

扪心自问：我有她这么强的求知欲吗？我有她这么蓬勃的生命力吗？我有她这么爱拼搏的勇气吗？

## （二）提升专业素养

小胖既是美术老师，也是学校的团委书记。他每日有做不完的材料和报表，忙不完的活动和晚会。

小胖最让人佩服的是过硬的专业基本功。他的专业起点很高，但他并没有就此止步。虽然他的工作很繁杂，但他还是每天坚持画画。他始终记得自己安身立命的根在哪里。他之所以能保持一颗纯粹的心，是因为他对专业的敬仰、对美术的热爱以及对人生方向的清醒把握。

他自己开通了公众号，每天就所思所感画一幅画，吸引了大批志同道合的人。他创作的微信表情包"熊孩子"，深受网友的喜爱。他还和各大网络平台合作，进行网络授课。

他在繁忙的工作之余，不断提升自己的专业素养，不断成就自己。

同事小林是实力派，工作六年，有四年是在带毕业班。中考真题倒背如流，试卷分析头头是道。我曾和他共事过两年，每天大家午睡的时候，他都在办公室里听英语，一边听一边跟写，有上千个单词的短文，他可以一个词都不错。

扪心自问：我有像他们这么扎实的专业素养吗？我有像他们这般日复一日地坚持修炼基本功吗？

## （三）要有自己的一技之长

同事小谢是一个温婉、贤淑的女子。她的课堂生动活泼，她的笑容甜美可人，她还拥有"超能力"——烘焙技术。

工作之余她喜欢烘焙，每天在学校宿舍里捣鼓，用一双巧手制作各种美味的蛋糕，极大地提升了在校住宿老师们的幸福指数。

烘焙只是她的兴趣，她并不指望卖蛋糕赚钱，但在我看来，这就是她利用业余时间修炼的一项技能，这个技能可以为她的人生增加一种可能。

我还有很多这样的同事，数学老师可以教口风琴演奏，语文老师可以当日语翻译，历史老师的舞蹈惊艳四座……

扪心自问：我有什么一技之长可以让我的人生多一种可能？

总之，我们要让自己具备终身学习的能力，具备过硬的专业素养，具备一技之长。这是由无数个夜晚的静思、无数寂寞时光的奋斗堆积而成的。

# 三、成长是义不容辞的责任

我虽然很能吃，但是却很瘦。医生说是因为脾胃不和，若不调理好脾，我吃再多的补品也无济于事。

这让我想起一个问题：为什么一些老师听了那么多讲座，还是没有进步？我想原因可能就是"脾"不好，学再多也不吸收。什么是老师的"脾"？我想就是心态。

如果听讲座时如饥似渴，听完后就想看书，想实践，想提高，那么你就具有渴望进步的成长型心态。

## （一）你有成长型心态吗

我曾在公众号上发过一篇文章《老师，你为啥这么"穷"》，从心态、观念、思维三个方面对比"穷"与"富"。文章引起较大反响，老师们纷纷留言，主要分成两大派。

[A派]

吉林的郑老师："好文！我对照表格中的文字进行了自我反思。感谢！"

广州的蓝老师:"'穷'是因为在潜意识里就觉得自己不配拥有更好的。"

东莞的戴老师:"坚守最好的方式是提高认知水平,提升思维能力。与其在盛世繁华里怨天尤人、顾影自怜、暗自神伤,不如在清风明月中沉淀自我、绝地反击、翩翩起舞。"

[B派]

网友1:"对我而言,教师职业就是一个跳板,我可没有高大上的情操……"(我想说:"在个人发展方面,您是有进取心的;但作为教师,您缺少成长型心态。")

网友2:"您接触的环境和大部分老师接触的环境或许不大一样……毕竟我不能开个公众号,顺便赚外快吧。"

A派老师具有成长型心态,他们的心态平和,能反思自己,追求进步。

B派老师缺乏成长型心态,他们身上有一种戾气,不允许别人指出自己的问题。

## (二)为什么要有成长型心态

### 1. 成长是为了遇见更好的自己

没有哪一代人的青春是容易的。没有哪一个人的成长是轻松的。

有老师在看了我的文章《老师,你为啥这么"穷"》后,批评我是"站着说话不腰疼"。言外之意是说我很有钱,不理解他们上有老、下有小的生活艰辛。

我把网友的话告诉我妈妈,她很无奈地笑了笑,叹了口气,脸上掠过一丝哀伤。她不是为我被喷难过,而是因为家庭的拖累让她心生愧疚。家家有本难念的经,我没必要告诉你我的生活窘境。若把我的经历写成一本小说，该是催人泪下的励志书。

与其怨天尤人，不如努力改变。成长是我可以和命运抗争的唯一途径。

我不会轻易放过任何一次能够提升自己的机会。

2014年7月，我参加区班主任能力大赛。培训、选拔时，我很担心自己被刷下来，于是在暑假中，我把导师推荐的十几本书全部认真读完了。导师看我这么上进，为我多申请了一个参加市赛的名额。机会难得，我在市赛前没日没夜地看书、练习，白天照常给学生上课、备课、批改作业，晚上看书看到凌晨一两点钟，第二天六点半起床上早读。功夫不负有心人，最终我在市赛中拿到第一名，并作为代表参加省里的班主任能力大赛。最终，我拿到省赛最高奖。

开通公众号后，我努力坚持每个工作日晚十点更新，一年积累了五十万字的资料。无论平时工作多么繁杂，哪怕是生病，我都在坚持。多少个夜晚，办公室里只有我一个人挑灯夜战；多少时候，别人在网上购物，我在写作；多少个休息日，别人在逛街，我在闭门修炼……

经过这么多年的不懈努力，我遇见了更好的自己。

成长，给我安全感；成长，让我更自信。

## 2. 成长是为了做学生的引路人

刘静老师特别爱读书学习。

端午节前一天，她在朋友圈晒她新买的书，差不多有100本。她说这是端午节假期送给自己的礼物。

我对刘静老师说："你这么爱看书，真是教师的模范。"她却自谦道："只是喜欢而已。"

正是这份谦虚好学的精神成就了刘静老师。现在她是深圳市高级中学的科研处主任，广东省名班主任工作室主持人。她还考上了香港一所大学的研究生，实乃"学高为师"。

钟高斌老师是我的网友，至今我们仍未曾谋面。我经常看到他发的照片里都是一张小书桌上放着一本正在看的书，下面放着他的读书笔记，右上角是他的茶具。

钟老师看的几乎都是德育类书籍，从国外到国内，从教授名作到一线教师的佳作，他都看。

钟老师说："我只是一个普通的老师。"他能持之以恒地勤奋好学，这一点也不普通。

曾经，我在晚上十一点接到过恩师丁之境老师邀请我加入他的省语文名师工作室的电话。我心里不禁感叹："不愧是名师，这么晚还在谈工作。"

陈宇老师做班主任近30年，出版了多本个人专著，网易博客"老板老班"上的文章加起来有四百万字。陈老师对我说："我所认识的做教育成功的朋友几乎没有一个是早睡的，经常都是半夜三更还在工作。他们都很聪明，但是很多人只看到了他们的聪明、机遇、人脉，却不知道他们付出的努力。没有人能随随便便成功，聪明+勤奋才是成功的秘诀。"

是的，我们只看到别人的鲜花和掌声，却不知道他背后流过的汗水和泪水。好的人生都是苦里熬出来的。成长注定是一场寂寞的修行。

因为教师职业的特殊性，我们必须与时俱进，必须与学生共同成长。

### 3. 成长是为了做学生的榜样

慧慧妈妈曾留言："有些老师说，工资就是用来培养孩子的。其实，打扮自己、充实自己、提高自己也是给孩子树立榜样。这是换一种方式教育孩子。"

我回复她："不要把自己的梦想强加到孩子身上。我们要做孩子的好榜样，好妈妈胜过好老师。"

慧慧妈妈是很爽快的湘妹子。我特别欣赏她的教育观念，她很会鼓励、引导孩子：她想教会孩子审美情趣，先把自己打扮得精致而有韵味；她想教会孩子乐观，首先自己做到不在孩子面前抱怨；她想教会孩子勤奋，用行动把自己变成孩子心目中的"拼命三娘"……

在她的影响下，慧慧特别积极乐观、乖巧懂事，真是好妈妈胜过好老师！

在学校我们是别人家孩子的老师，回到家就是自己孩子的爸爸妈妈。学会转换角色，每个老师都能成为孩子的"好妈妈"。

虽然我们赚得不多，但我们可以用自己亲手烹制的一碗蛋羹教会学生感知幸福的能力；虽然我们没有倾国倾城的容颜，但我们可以用从地摊里淘来的一个精致的花盆告诉学生"人要活得漂亮"；虽然我们不是位高权重，但我们可以用转化后进生的实例告诉学生"努力发挥自己最大的价值"……

老师，你活得漂亮，就是对学生最好的教育。成长是我们义不容辞的责任，纵使这其中有心酸、有痛苦、有孤独，但是，为了更好的自己，为了学生，我们必须成长。

## 四、为什么听了那么多讲座，你还是老样子

一直期待这次心理培训，我希望可以聆听前沿的心理和德育知识，和磁场相同的前辈们交流，同时见到一直活跃在我朋友圈里却未曾谋面的网友们。

第一天，我忍不住在朋友圈发了一条消息："这培训真好，不要培训费，包吃包住，还送书、送杂志！"一位家长看到后回复："老师都如此勤奋，难怪学生那么上进。"我回答："老师好好学习，学生才能天天向上！"我想，只有老师学到了专业的教育教学方法，才能教学生学得更高效，才能让自己的工作变得更充实。我真心不觉得出来学习很累。

一位老朋友下午来旁听讲座，却对下午的"教练技术"不感兴趣，直言"学了没啥用"。这是很多一线老师听讲座的普遍现象，很多老师希望听到"拿来就能用"的实用妙招，而对"高大上"的理论本能地排斥。我却对理论情有独钟，因为我们不但要知道怎么做，更要知道为什么要这样做，才能做得科学，做得专业，做得高效。

很多老师问我：为啥听了那么多讲座，懂得那么多理论，还是管不好自己的班级？可能有以下几个原因。

第一，听课时只关注自己感兴趣的地方。

很多人听讲座效果不佳，没有真正意义上的改变，可能是因为听讲座时把注意力都放在自己感兴趣的地方上了，而缺乏深层次的思考。比如，高广方教授的正面管教讲座里有很多体验式的活动，其中画"8"游戏给老师们留下了深刻印象。老师们积极参与这些活动，体验"启发式提问"与"命令式指挥"带给我们的不同的心理感受，感悟"表扬"与"鼓励"的差异。

但是，我们回到学校之后，就会"鼓励"学生了吗？就不再"命令"学生了吗？

我们往往被具体的新颖做法所吸引，把聚焦点放在这些做法上，却忽视了理论讲解。我们对这些"兴趣点"的理解和运用仅仅停留在模仿阶段，没有理解理论的核心思想。所以，上课时听得激动，下课后还有点儿冲动，回到学校却没有实际行动。

第二，讲座经验零散，不能纳入自己的知识系统。

比如，前些天我们共听了六场主题讲座，分别是李季教授的"班级积极心理管理原理"、梁慧勤老师的"教练型班主任的专业修炼"、许思安教授的"学生发展指导的理论与实践"、王小棉教授的"积极人格的塑造"、高广方教授的"正面管教与班级管理"、王蕙教授的"教师效能训练在家校沟通中的应用"。六位老师从不同侧面解读积极心理学。

专家或者名师的理念和实践，往往没有进行课程化设计，这是不是意味着我们听讲座就没有用了呢？不是这样的。我们要有选择性地吸收，把相关理念和经验纳入自己原有的知识体系。

这次培训我期待已久。我近些年一直在思考如何把德育与心育融合，以及如何把心理学的原理和技术运用到班级管理中，但一直苦于缺乏专业的心理知识。这次终于有了专业培训的机会，我一边听一边想，想着哪些可以运用到自己的班级管理中。同时，我的一些做法也终于找到了理论依据，有一些疑惑也迎刃而解。

第三，缺乏研究意识，听课时只停留在表面。

听讲座时我们倘若把自己放在被动接收信息的位置上，仅仅是接收新知识，记住一些可能有用的案例和经验，回去后照搬，听讲座的效果就会大打折扣。

缺乏对学生、班级的研究和探索意识，是一些老师听讲座效果不理想的重要原因之一。讲座里的案例和经验就像是衣柜里的衣服，你如果不穿，那么再漂亮的衣服也仅仅是衣柜里的一件收藏品。不把从讲座中听来的理念和经验拿来研究和实践，那么它们很快就会成为过眼烟云。只有以研究的心态积极与讲课者进行心灵对话，我们才能由内而外地变身。

## 五、格局有多大，未来就有多宽广

假期里我去一所学校讲课，接我和送我的是两个司机。接我的司机的脸自始至终紧绷着，他不断地抱怨自己的工资低、任务多，抱怨学校的管理有问题。送我的司机却一直说学校走到今天有多不容易，领导有多难，下车时还体贴地说："张老师你辛苦了。"很难想象同一所学校的两个司机，口中的学校和领导竟然完全不同。

视角不同，看到的世界也不同。我们可以问问自己：我看待学校是什么视角？我在岗位上是什么心态？

我给新老师做培训时，时常强调要有格局、有胸怀。

走在迷宫里，你看到的是一堵堵墙，是困难，是问题；但是当你站在高处时，你看到的是一条条路，是方法，是希望。站得高一点儿，视野就广一点儿；格局大一点儿，未来就宽一点儿。

一位老师给我发来微信："学生不怕我，令不行，禁不止。你有哪些好方法可以让学生令行禁止？"

看完他的问题，我心头一紧，回复他说："我看到这些字眼时觉得有些刺眼，从你的问题中我可以看出你管理班级时仍以管住、压制、战胜学生为目的。我认为若班级管理的目的仅仅是让学生害怕你的话，极有可能表面上风平浪静，背地里暗潮涌动。'亲其师，信其道'，学生爱你才会听你的话。你还是先转变自己的观念吧。"

如果你是新老师，不要怕，只要你的眼里有学生，处处为学生着想，那么学生就会爱你、信你，你会做得越来越好。

## 六、即使戴着镣铐，我也要翩翩起舞

"张老师，我也是个语文老师，我整天都在抓学生背书，怎么成绩还是上不去呢？我的压力好大啊！你有没有什么套路可以教教我？"

看到这位网友的留言，我仿佛看到了多年前的自己，为了学生的成绩整日焦虑、担忧、痛苦。那时我把大量时间花在让学生死记硬背上，语文课堂上只有中考考点和答题套路，所以学生并不喜欢语文，我自己也没时间看书，专业能力急剧下降。但我现在十分享受课堂，我每天都是笑着从教室里走出来。这要感谢我身边那些优秀的教育工作者，他们教会我如何做一个语文老师。

### （一）杨爸："三年一盘棋，莫着急。"

杨爸是我带第二届学生时的年级组长，他虽然不到50岁，但和我同龄的小伙伴都亲切地叫他"杨爸"。

杨爸带的班级是实验班，但成绩经常被普通班赶超。他从来不着急，一边喝茶，一边笑呵呵地说："三年一盘棋，莫着急。"

杨爸真的言行一致。马上要期中考试了，他们班还有考试范围内的文言文没有讲，因为杨爸把6本语文书的课文打散，重新组合，按照文体来教，所以他们班的进度永远和考试进度差一截，成绩自然不理想。

杨爸的语文课没有条条框框的预设，每节课只有一个主问题，学生可以天马行空地发表见解。杨爸在课上和学生聊文学，从苏轼的贬谪聊到陶渊明的退隐，从鲁迅的婚姻聊到胡适的母亲……生涩的课文总是被他讲得生动、有趣。

杨爸还写得一手好字。学生争相模仿，所以他们班学生虽不天天刻意临摹，但是比其他班学生的字普遍好许多。

初一、初二时，他们班的成绩总是被别的班甩在后面，但初三下学期时，他的班稍微抓一抓默写、背诵，再规范一下答题格式，成绩就上来了。中考时顺利登顶。

从前我们总是笑他是个固执的"老头"，但到了中考方才理解他的那句话："三年一盘棋，莫着急。"

## （二）丁校长：书本之外，还有曼妙的风景

丁校长是我身边最年轻的语文特级教师，也是我的学科引路人，我曾与他一起共事五年。

他的课从不局限于课本，在书本之外，繁花锦簇。

他的语文课岂止"精彩"二字能够形容，就说《答谢中书书》这节课吧，我听了三遍，还没听够。他用象形字给学生解读"语文"的内涵，他让学生给自己的名取个"字"，他把鲁迅变成邻家大哥那般亲切……他的文章清新隽永，读来不生涩，读罢有回甘。他的学生在他的培养下，热爱阅读和写作，经常在各类杂志上发表文章。

他写了一本书，名叫《语文·生长》。我希望心急的年轻老师能读一读这本书，即便不能洗尽铅华，也能平息一颗浮躁的心。

### （三）欢喜："即使是在'工厂'里，我也要加工出艺术品。"

欢喜工作才一年，但是她思想的成熟度却远胜于我。她说："即使是在'工厂'里，我也要加工出艺术品。"这句话说得掷地有声。她把主抓应试的学校称为"工厂"，把应试学校输出的学生称为"产品"。

在成绩要求很高的学校中，试卷像雪花一样多，她为学生撑起一把大伞，挡住雪花似的卷子，给学生一片自由的语文天空。

中考时古诗只考默写，许多老师是不讲古诗的，直接让学生背诵，但她一首古诗讲一节课，她说："生活里不能没有诗意。"

她讲文言文的时候用一节课时间讲了古代考科举的艰难，于是学生从此便理解了"贬谪"给古代文人带来的伤痛。

她的语文课堂之所以妙趣横生，是因为她具有深厚的文学功底。她平均每半个月读一本书。于是，你便懂得了学生为什么那么爱她。

杨爸之所以能够坚守三年一盘棋，是因为他足够坚持，抵挡住了领导的压力和同事的非议。

丁校长之所以能够看到书本之外曼妙的风景，是因为他执着地用一颗赤诚的语文心打开通往广阔世界的大门。

欢喜之所以能够在"工厂"里加工出精美的艺术品，是因为她有底气。

做有信仰的教育者，这样才有意思，与君共勉。